迁移教/学译丛

丛书主编　盛群力　何珊云

Teaching for Transfer:
A Guide for Designing Learning with Real-World Application

为迁移而教

现实生活应用型学习设计指南

[美] 迈克尔·麦克道尔　著

盛群力　马云飞　朱婧　等译

浙江科学技术出版社

版权所有　侵权必究

图书在版编目(CIP)数据

为迁移而教：现实生活应用型学习设计指南 /（美）迈克尔·麦克道尔（Michael McDowell）著；盛群力，马云飞，朱婧译. — 杭州：浙江科学技术出版社，2023.1

（迁移教/学译丛 / 盛群力，何珊云主编）

书名原文：Teaching for transfer: a guide for designing learning with real-world application

ISBN 978-7-5739-0267-2

Ⅰ.①为… Ⅱ.①迈…②盛…③马…④朱… Ⅲ.①学习迁移－研究 Ⅳ.①G442

中国版本图书馆CIP数据核字（2022）第229303号

Teaching for transfer: a guide for designing learning with real-world application / author: Michael McDowell. Published by agreement with Solution Tree, Inc., through the Chinese Connection Agency, a division of Beijing XinGuang CanLan ShuKan Distribution Co., Ltd.

引进版图书合同登记号　浙江省版权局图字：11-2021-208

丛 书 名	迁移教/学译丛
丛书主编	盛群力　何珊云
本册书名	为迁移而教：现实生活应用型学习设计指南
著　　者	[美] 迈克尔·麦克道尔
译　　者	盛群力　马云飞　朱　婧　等
出版发行	浙江科学技术出版社 杭州市体育场路347号　邮政编码：310006 办公室电话：0571-85176593 销售部电话：0571-85176040 网址：www.zkpress.com E-mail：zkpress@zkpress.com
排　　版	杭州万方图书有限公司
印　　刷	浙江新华印刷技术有限公司
开　　本	787×1092　1/16　　　　印　张　11
字　　数	200 000
版　　次	2023年1月第1版　　　　印　次　2023年1月第1次印刷
书　　号	ISBN 978-7-5739-0267-2　　定　价　45.00元

责任编辑	曹梦洁		**责任校对**	张　宁
责任美编	金　晖		**责任印务**	崔文红

感谢那些带给我启迪以及帮助我完成此书的教育工作者！

致 谢

感谢以下评审人员:

Paula Auble
教学指导,凡克艾德高中,七叶树,亚利桑那州

Nadya Bech-Conger
教学指导,亨特中学,伯灵顿,佛蒙特州

Cynthia Choate
校长,格伦森林小学,福尔斯彻奇,弗吉尼亚州

Erin Fedina
教学督导,豪厄尔镇公立学校,豪厄尔,新泽西州

Anthony Grazzini
教师专业发展和特别项目总监,西塞罗校区99号,西塞罗,伊利诺伊州

Errin Jennings
课程与教学主任,卢灵独立学区,卢灵,得克萨斯州

Darin Johnston
六年级教师,北费耶特谷中学,埃尔金,艾奥瓦州

Kelly Melendez Loaiza
科学老师,曼斯菲尔德高中,曼斯菲尔德,马萨诸塞州

John Schiefer
课程支持人员,麦迪逊小学,桑格,加利福尼亚州

Megann Tresemer
课程专业发展主管,锡达福尔斯学校,锡达福尔斯,艾奥瓦州

Jake Wiese
课程、教学和评估主任,谢南多厄河学校公司,米德尔敦,印第安纳州

作者简介

迈克尔·麦克道尔（Michael McDowell），教育学博士，是美国加利福尼亚州罗斯学区的负责人。在他的任期内，罗斯学区的学生在交往能力和幸福感方面已经发展到该州的顶级水平，在学习成绩和成长性方面也是顶级水平。罗斯学区是一个创新中心，创编了65种以上不同的选修课程，从虚拟游戏设计到新闻广播，并赞助了旧金山湾区第一次青少年TED（TEDx Youth）演讲活动。与此同时，罗斯学区还建立了为所有学生提供当地服务培训和全球社区参与的项目计划。

在担任督学之前，迈克尔·麦克道尔担任教学和人事服务的副督学，以及一所著名高中的校长。在进入行政部门之前，他是一名领导和教学指导，就教育领导、教学指导方面为学校、地区和州教育行政部门提供咨询。此外，迈克尔·麦克道尔有多年的初、高中科学和数学的教学经验。

迈克尔·麦克道尔担任"1%教育"咨询委员会主席，协同领衔专家为推进公共教育在国家层面上表达见解。此外，迈克尔·麦克道尔还任职于环境领导学院董事会，负责在中学环境中拓展创新。为了启迪有抱负的教育领导者，迈克尔·麦克道尔在旧金山州立大学教授研究生课程。迈克尔·麦克道尔是"铰链教育"（Hinge Education）有限责任公司的首席执行官，在世界各地的教育系统中支持专业学习。他是一位国际知名演讲者，演讲主题为教学、学习、领导和创新；他是一名顾问，在问题化学习和项目化学习、教学和学习、系统和现场领导方面提供服务。他的著作有：《问题化/项目化学习精准设计：培养自信和能力卓然学习者的三个转变》(2017)，《引导学习者：提高清晰度、连贯性和能力》(2018)，《造就专家型学习者：培养自信和能力卓然学习者的路径》(2019)。

迈克尔·麦克道尔持有美国雷德兰兹大学的学士学位和硕士学位，以及美国拉凡尔纳大学的教育学博士学位。迈克尔·麦克道尔和妻子奎恩（Quinn）以及两个孩子哈珀（Harper）和亚瑟（Asher）生活在美国北加利福尼亚州。

想要预约迈克尔·麦克道尔就职业发展方面的问题进行咨询，请联系pd@SolutionTree.com。

为迁移而教：教会学生创新

迈克尔·麦克道尔

在过去的60年里，美国国家航空航天局发射了很多次航天飞机。每次发射后，那些将航天飞机送入大气层的价值数百万美元的助推器就被丢弃了。

这些巨大的金属块消失在海洋中，或者被扔进垃圾填埋场，只是作为我们过去的化石证据。2020年6月，将一艘星际飞船送入太空的私营公司SpaceX开发了一种回收助推器的方法。这样，他们提高了控制生产成本的效率，改进了星际飞船的整体产品开发，并提高了团队协作和解决问题的能力。

这是一种创新行为。该团队分析了以前在太空旅行背景下的情况，着眼于其他研究领域（如降低飞机旅行成本的方法），并依靠他们在工程、物理和数学领域的知识和技能来创造。他们没有跳出条框思考，而是在条框之间寻找，从不同的领域和观点获取所需的信息，然后将这些知识转化为解决降低太空飞行成本的问题。

我们如何将SpaceX的经验应用到课堂上？我们如何让学生在类似的经历中获得成功？换句话说，我们如何教学生将他们在学校学到的知识运用到现实问题中去？

广度和深度教学

学生成功进入学术界并从事创新工作所需要的知识和技能是双重的：一方面，他们需要在学科基础知识方面有一定的深度；另一方面，他们需要几个小时的练习来发展足够的知识以恰当地应用所学的内容。

然而，他们也需要一套知识和技能来分析多种情况，处理复杂的和未知的难以应对的经验，并与各种各样的人打交道。总而言之，学生需要在学科内、学科间、跨学科间和情境之间领悟含义。

让学生理解和讨论学习深度的语言将深度分解为两个独立的学习水平：第一级是表层知识，第二级是深度知识。表层知识最好定义为事实和程序。例如，在表层水平，学生可以标记温室气体，定义温室气体的核心特征，并确定特定化合物（如甲烷和二氧化碳）的分子式。

深度学习最好的定义是形成将事实连接成统一关系或持久性理解的能力。学生了解温室气体与地球变暖的关系，以及温室气体排放变化的各种自然和人为原因。学生还可以评估大气中这类气体水平目前和潜在的影响。

用于拓展知识和技能广度的学习是"迁移学习"。学生分析与气候变化相关的具体情况，为防止或减少排放提出建议，并洞察其他研究领域，寻找与减少全球变暖类比问题的解决方案。

为了充分参与解决现实生活的问题，学生需要在广度和深度上取得平衡。也就是说，学生需要对表层、深度和迁移知识保持张力和整合，以充分参与学习并将所学知识应用到现实问题中。

为迁移而教的三种实践

为了确保学生在学习中发展广度和深度，考虑以下三种做法。

1. 为学生提供迁移机会

在新单元学习的第一天，教师为学生提供一个或一组问题来分析和检查学习效果。

例如，假设教师想让学生学习美国民权法基础。以小组形式开始上课，教师让每个小组阅读一组文章，并观看与四个不同情境相关的简短视频片段，这些情境都与一个主题有关。一个小组阅读有关美国明尼苏达州最近抗议活动的文章，一个小组审查有关美国行政部门禁止LBGTQ（同性恋和双性恋等）成年人参军的文章，一个小组研究一系列关于美国（或其他国家）移民政策的资源，以及一个小组研究由美国政府直接向私立学校提供的流行病防治资料。

每个小组阅读了这些文章后，分组讨论共同的主题与每个情境之间的关系。接下来，教师让学生从讨论中提出一系列问题。这些问题可以作为在整个学习单元中推动学习的一种手段，让这些问题推动知识深度的发展。

2. 为学生创造课堂体验的变化

当学生开始学习自己所需要的标准规定的知识和技能时，他们可能会高度关注知识的深度。他们会忽略周围的世界，花大量时间学习核心内容。

是的，他们需要发展这些知识，同时他们也需要走出书本、测验和考试，并关注其他学科和其他情境。为了在单元学习中融入迁移水平，他们应考虑将变化融入学习经验中。

例如，当学生在读一篇文章或写一篇论文时，教师让他们找一篇能说明其他观点的文章，并（或）让他们针对当前文章中使用的观点写一篇驳论或反述。

支持学生发展迁移水平学习的一种方法是在学习中提供一个新元素，这是他们以前很大程度上忽略或认为理所当然的。例如，一组学生已经完成了物理作业，但还有30分钟的课要上。为了推动学生进一步学习，教师决定提出一个新问题：我们进一步考量空气阻力的影响。或者，当一群经济学专业的学生完全了解供求关系时，让他们处理因新型冠状病毒肺炎大流行而导致的石油市场的动态变化。

另一个选择是改变学生评估的环境。例如，学生正在提出一个解决方案，让海獭重新进入太平洋，然后教师还可以请学生考虑：为阿尔塔蒙特山口的金鹰数量的急剧下降（这是由于风力涡轮机的增加造成的）提出一个解决方案。此时，学生面临的是知识广度的变化，而不是深度的变化。

不可避免的是，当我们能够利用所知道的知识，分析新的约束条件，并构建和塑造解决措施，来应对新的情境时，我们会变得更强大。通过让学生面对新的挑战，他们必须从书本中探出头来，环顾四周，了解新的动态、新观点和效能情境。

3. 反思教学

最后，看看你自己的教学方法，评估你在教学方法中长期重视和落实的"精准"连续体（从广度到深度）。哈蒂和多诺霍（Hattie & Donoghue，2016）的研究表明，我们的教学策略都有助于提高学生的学习水平，但针对每个学生不同的学习水平，这些教学策略的影响存在显著差异。表1提供了在每个学习阶段都有效的策略示例。

表1　在表层、深度和迁移水平学习的高影响策略

策　略	表　层	深　度	迁　移
反　馈	教师（或学生）推动学生精细加工信息	学生（或教师）推动学生检查在具体情境中出现的错误	学生（或教师）推动学生评价问题之间的异同以确保自己在学习中取得成功
学　习	列提纲，写概要	自我讲解，自我设问	在新情境中寻找范式
教　学	直接教学	苏格拉底讨论会	问题化学习，项目化学习

换句话说，我们需要像肯尼·罗杰斯（Kenny Rogers）那样思考，"知道何时持有，何时放弃"。花点时间来决定什么时候你会使用某些策略，什么时候你会改变方法，以确保学生发展表层、深度和迁移水平的学习。

结　语

通过让学生开始学习迁移问题，整合变化，并根据学生的学习水平调整自己的教学方法，教师可以为每个学生带来显著和实质性改变。当学生的学习既有广度又有深度时，他们就能解决未来的问题。他们可以建造下一架星际飞船，找到下一种疫苗，了解和解决不平等问题，并最终为所有人建设更美好的未来。

我们得教他们学会迁移。

资料来源

Michael McDowell.Teaching for Transfer: Teaching Students How to Innovate. July 7, 2020.https://www.solutiontree.com/blog/teaching-for-transfer-teaching-students-how-to-innovate/.

序　言

杰伊·麦克泰（Jay McTighe）

这篇序言是我在新型冠状病毒肺炎疫情流行期间写的。这一非同寻常的破坏性事件已导致数十万人死亡，并在全世界造成经济动荡。尽管它造成了混乱，但此次疫情也给教育工作者带来了一些有益的启示，即我们呈现给学生的是一个日益复杂、相互联系且不可预测的世界。成功不再取决于谁能记住最多的知识，现代教育更需要将学习迁移置于首位，迈克尔·麦克道尔深谙此道。的确，培养学生将所学本领应用于新的，甚至是难以预料的情境中的能力，应该被视为一种新的基本技能。然而，细节决定成败。为学习迁移和实际应用而教到底意味着什么呢？

迈克尔·麦克道尔通过强调三个相互关联的目标来回答上述这个问题：①发展基础知识和基本技能；②帮助学习者深入学习本学科的基本概念和过程；③培养应对现实生活挑战和机会所需的跨学科技能（如批判性思维、创造力和自主学习能力）。然后，他用了一个有价值的类比来强调在办公室工作和在工具间工作之间的区别。办公室相当于更传统的学校，在那里学生获得基础知识，然后发展更深入的学科理解；工具间代表了发明者的学习场所，在那里他们学习运用跨学科领域的21世纪技能来解决复杂的问题。

迈克尔·麦克道尔所采用的方法是合理的，尤其是他对两个主流阵营的观点分析颇有启迪——一类人倡导21世纪通过项目化学习的跨学科技能，另一类人宣称实用性知识是必备条件。就像大多数教育如钟摆摆动的情况一样，最优的方法是折中调和，不偏不倚。

这本书谈学术而非陷入象牙塔，讲实用而不是简单化处理。作者一方面用学者的自信引用了相关研究证据，另一方面也以资深教育工作者的清晰和自信提供了实用建议。

通过使用各种不同的例子和说明性框架，作者描述了围绕学科的大概念进行优先排序和重点关注的教学方法。然后，他阐述了在学校之外的更广阔的世界里，学生在实际应用中如何做出转换的过程。

作为一名祖父，我仔细想过要给1岁、2岁和5岁的孙辈什么样的教育。迈克尔·麦克道尔的书带给我憧憬，抓住了我的期盼，值得仔细品读。

对《为迁移而教》的褒奖

学校教育的目的是教会学生技能、知识和理解，以便他们能将这些知识迁移到新的情境中。学生经常被告知的是"你需要学会这一点，这样才能应用于现实生活或未来的职业生涯中"。教师通常会创设"真实的"情境，旨在最大限度地缩短学习技能和迁移情境中实际应用技能之间的距离。这可能是教育中最糟糕的秘密——明知道这是一个真相，但是我们很少看到关于如何最好地为迁移而教的证据。可悲的是，我们反其道而行之，声称能够迁移的学生聪明或具有自我调节能力，迁移技能是人自然会拥有的。我们对于那些没有迁移能力的学生一贬再贬。实际上，问题应该是如何教所有的学生迁移技能——迁移是一种可教的技能。

麦克道尔回答了教育中最棘手的问题——如何教会迁移。仅凭这份勇气，这本书就很值得品味。当然，本书也包含了很多供教师使用的技能和工具，因为教师承担了教授迁移技能的责任。麦克道尔明白无误地指出，迁移建立在知识和理解的基础上，为迁移而教可以融入日常课堂生活中。

麦克道尔采用了比格斯和科利斯（Biggs & Collis，1982）的"可观察学习结果"（SOLO）模型来强调迁移是建立在表层和深度知识上的，并提醒我们近迁移、近迁移至远迁移和远迁移之间的重要区别。主要的一点是：表层和深度网络经常与理解和再利用旧观念联系在一起，迁移网络设计重新配置学科和跨学科的表层和深度知识，以找到解决问题的创造性方法。我们经常会看到近迁移的例子，但是很少发现近迁移至远迁移和远迁移的例子。事实上，学校教育的现状中充斥着表层知识，即学生更喜欢这种套路——课堂上教师喋喋不休，关注事实，布置非常封闭的作业。尽管教师、课程开发人员、测量编制人员和政治家都在高谈阔论，宣称学校正在为生活做准备，教授可迁移的技能，我们都应该深切而热情地关注学校所教授的内容。言辞与现实相去甚远。但是，投入更多的近迁移和远迁移将增加丰富的内容，可能会吸引更多的学生进入学校并有益于学校学习。

比格斯（Biggs，2003）的另一个贡献是构建一致性模型，该模型需要将语词、内容、作业、评估、评分和反馈与锚定策略结合起来。麦克道尔在本书第一章中就是这样做的：明确了学习意图和成功标准中对迁移的关注；通过在学习迁移水平上构建问题，明确提供多种情境，以投入表层、深度和迁移学习意图和成功标准；共同制订迁移层面的挑战和任务。

本书并不认为为迁移而教是一件容易的事情，特别是在所需技能要求很高的情况下更是如此：需要对表层知识和深度知识有足够的理解；存在未知的因素，从已知到新知（远迁移）架起一座桥梁有时是让人望而生畏的，需要树立高水平的信心来迎接这些挑战；需要从新的角度看待原有知识；要求在发现问题规范的异同方面具有高超的技能；需要高水平的问题解决能力和创造力。以上这些高要求，让我想起了最喜欢的库斯特勒（Koestler，1964）对创造力的定义，即将两个或两个以上看似不相关的想法结合在一起，但在迁移的情况下，这些想法在从原有学习和经验有效地应用到新颖的情境中搭建起一座桥梁。麦克道尔利用与"激活""应用""真实"三个要素相关的核心流程探索了这一飞跃。

本书中的部分章节内容充分讨论了有关迁移的问题。为迁移而教是否只是改变情境并要求学生尝试将知识和技能应用到该新情境（在数学解题中很常见），还是我们只需等着看保留了什么，看学生是否能够回忆起之前的知识并应用在新的任务中？教师是否应该直接引导学生达到预期的学业表现，从而促进"自反迁移"（reflexive transfer）？帕金斯和萨洛蒙（Perkins and Salomon，1994）称此为"共生"（hugging）。还有一种做法是鼓励学生对一般规则进行抽象，从而减少对情境的依赖，这称为"架桥"（bridging）。也许有时候迁移没有增加先前的概括而对后续学业表现出负面影响，我们都知道确实有这样的情况：将原有的理解带到新情境中，对先前知识的错误应用，可能导致误解、过度概括和错误百出。当我们停下来提问"在这种新的情境下，先前的理解和概括是否应该受到质疑"时，对新知识的理解就会有很多突破。麦克道尔指出，促使学生理解为什么以及如何得出一般原理，以及他们可以提供哪些证据来支持这些原理作为迁移技能的核心部分，这是十分重要的。

迁移是一个过程，而不是终点，因为一旦我们将知识和理解迁移到一个新的情境中，我们就准备重新开始这个从表层到深度再到迁移的循环。本书中的论点之美在于：重视技能学习、重视理解的技能以及懂得将学习应用于近迁移和远迁移。教学周期的这三个部分需要始终作为课堂经验的典型部分出现在成功标准、任务和评估中。我希望大家对迁移开展更多的探讨、更高层次的研究，更深入地调查学生在进行迁移时的思维过程，相信本书将成为以上这些新尝试的主要催化剂。

——约翰·哈蒂（John Hattie）
墨尔本教育研究生院荣誉教授

我们已经认识到表层学习、深度学习和迁移学习的重要性，"精准"是三者的"同等张力和整合"。尽管如此，领导人仍在问"我们如何以及何时教授迁移？"因此，麦克道尔的书是及时和必要的！他在书中写道，"迁移基本是建立在变化的基础上的"。他提供了很多让教学团队能确保学生优先获得这些机会的可视效果、示例和反思性问题。最重要的是，作为一位前历史教师，我认为这本书绝对必要，因为我们的世界目前正处于一场流行病和要求彻底改变以结束种族主义的抗议中。如果我们要确保为子孙后代带来积极和持久的变化，教师必须提供一个有意识地促进为迁移而教的环境。

——利安·阿吉拉尔·劳勒（LeeAnn Aguilar Lawlor）
亚利桑那州凤凰城卡特赖特学区负责人

《为迁移而教》是我一直在等待的一本书，因为它清晰地概述了学生如何体验越来越深度的学习。这本书说到了这一由来已久的难题——"教学应该深入到什么程度？""我们是在教授知识模块、技能和预期概念，还是通过解决现实生活的问题来拓展学生思维，或两者兼而有之？"如果你想更好地理解和利用学习过程，这本书就是献给你的！

——卡拉·万达斯（Kara Vandas）

作家兼教育顾问

目 录

导 论 发现焦点 1
   办公室和工具间隐喻 2
   三种复杂性水平学习 4
   迁移的定义 6
   为迁移而教意味着什么 8
   本书内容简介 9
   如何阅读本书 12
   未来之路 12
   设计表层学习、深度学习和迁移学习的工具箱 13
   结 语 14

第一章 打好基础：建立表层-深度网络 17
   两种网络系统 18
   如何帮助学生构建表层-深度网络 21
   结 语 33
   反思性问题 33
   后续行动 34

第二章 超越基础：构建迁移网络 37
   如何帮助学生构建迁移网络 40
   结 语 50

反思性问题 50
　　后续行动 51

第三章　在学习经验中引入变化：利用视角和困惑 55
　　准备变化 57
　　建构观点 57
　　制造困惑 61
　　结　语 65
　　反思性问题 65
　　后续行动 66

第四章　让学生参与迁移水平学习 69
　　激活：学生能够应对具备迁移任务的挑战性环境 72
　　应用：学生能够将学习从一个问题情境迁移到另一个问题情境 .. 74
　　真实：学生能够在问题化情境中与人、场景和过程互动 83
　　结　语 88
　　反思性问题 89
　　后续行动 89

第五章　将迁移融入教学实践中 91
　　对课程标准的核心内容做出排序 96
　　为学生选择一条应对三种复杂性水平的途径 97
　　评估实践，确保整合了所有复杂性水平 101
　　协同努力，检视影响，并建构创新的学习单元 103
　　结　语 111
　　反思性问题 111
　　后续行动 112

结束语	115

附录A：基础学习的资源 ... 119

  不同年级的学习意向和成功标准 ... 119

  测试原有知识水平和发展效能的策略 ... 120

  反馈协议 ... 121

附录B：迁移网络开发资源 ... 123

  成功标准示例 ... 123

  近迁移、近迁移至远迁移、远迁移单元示例 ... 126

附录C：适用于迁移任务的资源 ... 130

  学生和教师的迁移学习策略 ... 130

  不同年级迁移单元示例 ... 133

参考文献与学习资源	141
后　记	150
译后记	153

— 导 论 —

发现焦点

> 专家们纷纷走向办公室和演讲厅，工具间则是黑客、修补匠与创客的天地。工具间不是由单一的行业来定义的；相反，它包容了各色人等的不同利益。工具间是一个知识网络汇聚的空间。
>
> ——史蒂文·约翰逊（Steven Johnson）

办公室和工具间隐喻

2001年年初，我开展药用植物研究，这是肯尼亚留学项目的一部分。我的工作主要是研究在当地被居民用作初级卫生保健的某些植物物种的灭绝情况。在这段时间里，我学习了一些课程，其中一门课程称为"样线法"（line transect），这个方法是用来估计一个地区的生物分布；识别药用植物以及了解治疗疾病的药物，如疟疾和牙痛。我学习这些信息的方式与我学生时代的经历相似：先在课堂里上课，然后老师给我时间做练习，并对我做出反馈和建议，通常用某种等级来反映我的掌握程度。这一切是不是都相当老套？

在收集和审查了大量关于植物分布的数据后，我发现药用植物的数量正在以显著的速度下降，几年内，这些植物将销声匿迹。我决心为需要这些资源的当地社区提出保护植物的解决方案。然而，在接下来的几天里，一系列的情况向我证明，这个问题及其解决方案并不像我最初设想的那样稀松平常。这段经历也象征着我接下来的工作经历：课堂是一个常规的地方，而更广阔的世界和其中涉及的问题绝非如此。

首先，我找机会见了一位马赛长老，让他了解我的工作并给予指教。他聚精会神地听着，转述了我的话，并提出问题。最后，他问我："你有没有想过问问当地居民，他们认为问题的症结在哪里，他们有什么解决方案？"我感到羞愧，因为我忽视了询问和听取当地普通民众的观点。于是，我马上开始了解当地居民对这个问题的看法，我询问他们药用植物数量不断减少会出现什么问题，能用什么方案予以解决。

其次，当我为这个问题制订一个解决方案时，一位千里之外的导师建议我探索其他研究领域，分析常见问题，了解决策的方法和解决问题的方法。我从未想过要解决理科问题之外的生物学问题。因此，我开始浏览有关不受监管的市场所面临的挑战的经济学文章，评估市场营销领域，了解我们如何影响他人，并反思《先知》（*Ishmael*）和《B的故事》(The Story of B),以上这些思考着眼于我未曾学习过的领域,从中寻找通过整合可以创造一个更好解决方案的东西。

最后,在我向教授提出建议之前,国家已经对政策做出了重大改变,这些政策对植物保护、旅游和农业等领域的财政资源产生了影响。

通过整合他人的观点,对不同学科进行抽样,并考虑意外的变化,我为当地居民提出了更可行的建议。这段经历从根本上改变了我对学习和教学的看法。在接下来的几年中,我努力整合这样一个观点,即学生不仅需要学习事实和观念,还需要习得知识和培养技能,以更广泛地看待问题,体验不同的视角,处理突发的变化。换句话说,在我的课堂上,我努力寻找方法把学科领域的深度和必要的广度展现给学生,如用学习迁移来回答现实生活的问题。这是我写这本书的主要原因——为了支持基础教育阶段的教师学习实用的方法,在课堂上完成学习迁移的工作。

一个让我产生共鸣的隐喻,可能对教师在平衡教学广度和深度时是有益的,那便是给予学生办公室和工具间的体验。科学作家史蒂文·汤姆森(Steven Johnson, 2014)在《我们如何由此及彼——改变世界的六大创新》(How We Got to Now: Six Innovations That Made the Modern World)一书中描述的空间:办公室——我们学习事实和技能并深入了解某一学科的地方,它是至关重要的,但并不完整。办公室是一种环境,学生在这里从事明确的、例行的任务;直接从教师那里得到反馈;用每天挑灯夜战的程度来衡量进步。

但是,学生也需要工具间——一个创新者工作空间的象征,它存在于传统的工作和研究空间之外。在工具间中,各种兴趣和广泛的、跨学科的思维有成长和发展的空间。此外,工具间是记者大卫·爱泼斯坦(David Epstein, 2019, P.213)所说的处理"棘手问题"的地方。在这样一个地方,"游戏规则往往不清楚或不完整。可能是轻车熟路重复老一套东西,也可能是花样翻新,这些都不一定很明显;反馈往往姗姗来迟,甚至捉摸不定,或者两者兼而有之"(Epstein, 2019, P.21)。工具间让人感到不像是最终会出现灵机一动、豁然开朗的地方;它充满了新的挑战、新的想法和新的视角,使得原来的问题变得更加复杂——比我们预期的要棘手得多。

当我在肯尼亚学习"样线法"时,我有过几次豁然开朗的时刻。坐在办公室里,我似乎已经能够直面问题了。但是当我倾听别人对药用植物问题的看法时,看看其他领域的研究方法,结合当地环境的实际情况,我知道我已经离开了"办公室",冒险进入了"工具间",这要求我使用新的工具和不同的思维方式。

三种复杂性水平学习

图 I.1 是我为学生设计的学习体验类型。左边的人代表的是正在发展学习深度的学生,这个学生花大量的时间学习学科的核心组成部分。右边的学生正在发展广度的知识和技能。

图 I.1　学习的深度和广度

对于深度和广度的直接联系,我使用的术语是三种复杂性水平学习:表层学习、深度学习、迁移学习(表 I.1)。深度学习包括理解核心概念以及将这些概念联系起来,或拥有表层的和深度的知识和技能;广度学习包括将这些概念应用到新领域的能力——拥有可迁移的知识和技能。

表 I.1　三种复杂性水平学习

复杂性水平	描　述	回答下列问题
表层学习	我可以定义和标记概念和技能,但我不能把概念和技能联系在一起	我需要理解的关键概念是什么? 关键技能是什么? 我如何解决这个问题?

续表

复杂性水平	描 述	回答下列问题
深度学习	我可以把概念和技能联系起来,但无法将概念和技能应用到不同的情境中去	这些概念是如何联系起来的? 为什么我们要用某种策略来解决问题? 为什么这是最有效的方法?
迁移学习	我可以把概念和技能应用到不同的情境中去	这些概念和技能在什么时候、什么地方适用? 在什么条件下适用? 在这种情况下,我们是否应该采取某些策略? 为了解决这个问题,我们在多大程度上错失了一些重要的信息? 谁会受到这个问题的影响?

表层学习和深度学习涉及缩小焦点以发展学科内的知识和技能,迁移学习则完全是关于在不同背景下广泛使用知识。迁移的关键是比较。人必须视野开阔而不能鼠目寸光——宽而不窄,开放而不封闭,横向拓展而不垂直挖坑。迁移是本书的核心内容,但如果没有精准推动的教育工作者,迁移是不可能发生的。

我把"精准"(rigor)定义为:对表层学习、深度学习和迁移学习保持同等的张力和整合。重视精准的教师欣赏所有三个水平的复杂性,设计和实施教学,确保学生在各个水平开展学习。这样的教师可以:①使学生能够在不同的情况下应用深度学习;②运用广泛的跨学科比较,然后聚焦于一个学科,并最终增加学生的知识深度。

图I.2表示了什么是"精准"。

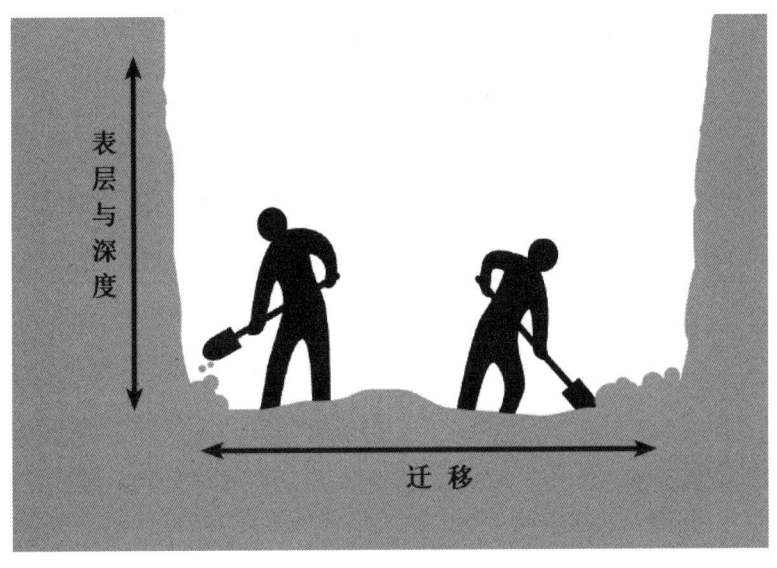

图I.2 精准的表征

我在肯尼亚时，教过一些学生，希望他们学习高中的数学、生物和环境科学，同时给他们提供了涉及政府、经济、英语语言艺术、体育和化学的挑战性问题。此外，我的目标是为学生提供多种应对之策，使他们能够在办公室和工具间中自如切换。这些方法使学生能够处理挫折、应对歧义以及与他人合作。当学生能够在办公室和工具间里都如鱼得水时，或者将学习的深度和广度结合起来时，他们就形成了创新的专业技能——也就是说，不仅仅是具有深入理解主题的能力，还能够解决不同学科和情境下的现实生活问题。

本书提供了一个框架，使学生和教师都能学会创新，解决具有挑战性的现实生活问题，并发展专业知识。在我们开始详细探讨之前，我想进一步定义"迁移"和我所说的"为迁移而教"的含义，阐述说明本书的结构和如何合理展开论述，你通过遵循书的框架能获得什么，并讨论如何设计精准学习的多种工具。

迁移的定义

教育顾问兼作家杰伊·麦克泰（Jay McTighe，2018）认为，教育工作者的最终目标是确保学生迁移所学到的东西。著名的发展心理学家霍华德·加德纳（Howard Gardner，1999）则将"迁移"定义为一个人将其知识领域内的概念、技能或理论适当地应用到新情境中去的能力。这是本书中所给的一个基础性定义，然而，"迁移"还具有更丰富的含义。

杰伊·麦克泰（Jay McTighe，2018）写道，协作、解决问题、决策和批判性思维等广义技能在迁移水平学习中是不可或缺的。教育专家阿米娜·优素福·沙拉拉（Amina Youssef-Shalala）、保罗·爱尔斯（Paul Ayres）、卡瑞娜·舒伯特（Carina Schubert）和约翰·斯维勒（John Sweller，2014）补充道，发展和运用表层知能和深度知能是迁移发生的必要条件。此外，爱泼斯坦（Epstein，2019）认为，能够将情境从问题的深度结构中辨析出来的人，最有可能在不同的情况下解决问题，从而实现迁移。所以，迁移学习要求学生具备：

- 解决问题或迎接挑战的策略
- 一门学科的表层知能和深度知能
- 情境性知识或应用内容的情境知识

图I.3说明了迁移学习的主要方面——表层知能和深度知能、情境化知识和解决问题的途径。

表层知能	深度知能	情境化知识	解决问题的途径
能理解一个或多个概念，但是难以在概念之间建立联系	能够建立起概念之间的联系，但是难以在一个或多个情境中应用概念	理解问题所涉及的情境要求	（策略/方法）将策略或方法用于理解不同问题或情境中的关系，同时能够确定如何去解决问题

图 I.3　迁移学习的组成部分

因此，作为教师，我们的工作是将这些因素结合起来，使学生能够发展知识和技能进而实现迁移。我们来看一个在课堂上迁移学习的例子，图 I.4 提供了学生在表层、深度和迁移水平上的学习类型。在图的顶部，两个独立的圆圈代表处于表层水平的两个独立的概念。此时学生正在发展对概念的理解，但无法将这些概念联系起来。他们可能理解什么是"食物链"和"食物网"，但不一定明白这两个概念之间的关系，为什么理解这些概念很重要，以及这些概念在现实生活中何时何地适用。当学生进入深度的理解时，他们开始将食物链和食物网的概念联系起来，并理解更深层次的生物学原理（例如，生态系统中的能量流动），他们开始掌握多个概念之间的联系。

接下来，学生将运用这些适用于不同背景下的更深层次的原理来解决一个问题（例如，美国加利福尼亚州北部的软骨藻酸日益增加，在新西兰引入雪貂导致海豹和海狮死亡，以及安装风力涡轮机导致金鹰数量下降）。此时两个重叠的不透明圆圈表示学生理解不同情境之间联系的能力。当直接的和间接的人类影响操纵生态系统时，学生要花时间检查每一种情境以及生态系统中能量流动的关键性原理是如何发挥作用的。

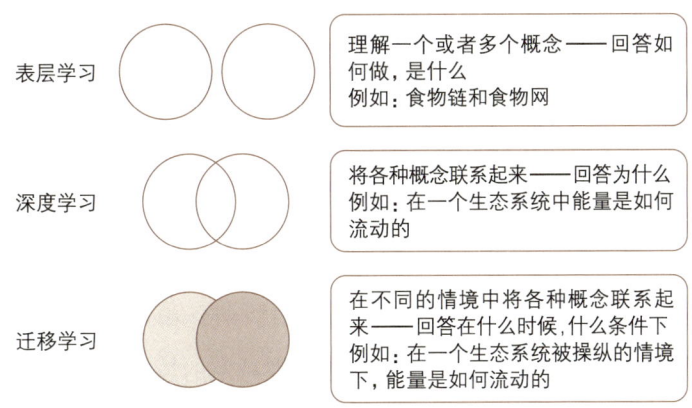

图 I.4　迁移示例

迁移任务的困难程度各不相同。例如，学生将对一款手机的知识迁移到另一款手机，这只是较小程度的迁移，而他们将对参数统计的理解迁移到社会科学（例如，使用数据来影响下一次选举中的选民）或生物学（例如，使用数据影响政府用来控制新型冠状病毒肺炎疫情的办法），其中的挑战则要高得多。由于教师必须确定学生在每个学习单元中的预期学习难度水平，所以本书将着眼于以下三种迁移水平。

• 近迁移：将一个主题的知识应用到与该主题相关的一个情境中（例如，将食物链与新西兰几维鸟的死亡上升联系起来）。

• 由近迁移至远迁移：将知识由一个主题应用到多个情境相关的主题（例如，分析：美国加利福尼亚州北部软骨藻酸数量增加，新西兰引入雪貂导致海豹和海狮死亡，以及安装风力涡轮机导致金鹰数量下降）。

• 远迁移：将知识应用于不同的情境（例如，考察特定人口数量下降的社会政治现实和生物学影响，采访当地人，并在特定假设和解决方案下使用统计分析来预测人口的潜在变化）。

为迁移而教意味着什么

正如本书所将阐述的，我们不是将表层知能和深度知能的教学简单照搬到迁移学习中。迁移教学需要特定的策略，让学生能够对比不同的情境，将表层知能和深度知能与情境之间联系起来，并利用问题解决策略来应对挑战。

正如约翰逊（Johnson，2010）所说："通常，我们认为创新是宏大且大胆的，'超越时代、领先一步'的梦想——也就是说，跳出固有的局限——而实际上，创新是不同领域思想的碰撞，是同事间争论和检验时逐渐发生的直觉，以及我们在已知事物上做出的细微改变。"这不是在改进策略或改进解决方案时的零敲碎打，不是渐进主义，而是通过将想法以不同的方式组合在一起来重新设想策略和解决方案。这是我们作为教育工作者在实践中必须突出的重点，当我们教学生迁移的方法时，我们要把思维的一个模式连接到另一个模式，而不是试图强迫学生跳出思维定势。

这里，我们需要让学生能够横向思考，这就是迁移驱动的方法（例如，为特定情境设计的问题化学习和项目化学习），这样的方法通常在特定的情境下予以设计和实施，且可以不断重组，跨背景和跨学科思考，从而最终形成迁移能力（McDowell，2017）。无论是否使用了迁移驱动的方法，本书提供了可供教师在课堂上使用的具体策略，以确保学生学到表层知能、深度知能和实现学习迁移。

本书内容简介

本书的主要目标是实质性地影响学生学习的两个组成部分：①专长，即学生的表层知能、深度知能和迁移知能；②效能，即学生在明确学习期望并采取行动、处理挫折和应对挑战以及与他人合作方面的知能。因此，我们的核心驱动性问题是：我们如何提高学生的专长？我们如何支持学生发展效能？最后，我们如何确保学生解决有意义的现实生活问题？

本书围绕以下六个教学目标组织，使教师能够回答这些驱动性问题，并帮助学生实现既定的学习结果。

（1）核心学习结果：教师确保学生在课程材料中发展表层知能和深度知能。

（2）共建期望：教师在明确学习期望时让学生共同参与。

（3）改变学习体验：教师整合情境、任务、视角和成功标准的变化，对学生提出挑战。

（4）跨问题比较：教师让学生比较问题和解决方案，实现跨情境知能迁移。

（5）社区参与：教师为学生提供参与现实生活的机会，以解决迁移水平的问题。

（6）学习条件：教师为学生进行迁移水平的表现创造适当的条件。

这些目标不是孤立存在的，将贯穿全书，每一章集中在一个或多个目标上。为了确保这些目标在实践中易于实现，每一章都提供了各种基于研究的实践、课堂测试的工具、真实的例子，以及可访问的表格、检查表、评价量规、规则和协议。

第一章为确保学生实现表层学习和深度学习结果奠定了基础，即学生需要有效地进入和参与迁移水平的任务中。此外，本章还阐述了建立学生自我效能感的基础性工作。第一章描绘了课堂作为办公空间的图景，而本书的其余部分提供了将课堂改造成工具间的大纲，正是在工具间中学生可以进行打磨修炼工作。

第二章转向讨论学习迁移。此时我们开始在工具间中工作。本章的重点是设定对迁移的期望和学生参与迁移过程的关键需求。

第三章深入探讨了知能迁移要求学生面对现实的变化和不稳定，这种变化和不稳定也是专家在工作中经常遇到的。例如，在高中政治和经济学的沉浸式学习中，学生可能会遇到突然的国家政策变化，如关税引入和太空探索资金削减，这类意外变量有助于专家提升理解问题和解决问题的能力。这些变化使迁移水平的问题和工作对学生来说更加真实，并能够巩固其表层知识和深度知识，最终提高学生的专业知识和效能。

第四章着重培养学生在情境中比较问题的能力，以及课外与人接触更好地理解问题的能力。综合来说，这些技能使学生能够有效地解决近迁移、由近迁移到远迁移和远迁移的问题。

第五章提供了资源和工具，你可以使用这些资源和工具在课堂上贯彻"为迁移而教"的工作。本章提供了有关如何为全年进行的学习体验创建范围和顺序的步骤，以及与其他教师一起开发和评估产品、制作作品集和组织成果展示的方法。

每章都以反思性问题和后续行动结束，这将帮助你思考该章推荐的策略如何应用于教学实践，并鼓励你根据该章的内容进行调整和改进。

表I.2为教师和学生提供了成功标准，以满足培养学生专长和效能的要求。当你与学生一起设计和实施学习单元时，你可能希望将其作为达成教学目标的清单，但它也可以作为你阅读本书后的资源。你可以将其作为参考，检查在此过程中掌握的内容，因为这是整本书的清单。目前，你可能还不熟悉许多术语，但随着你阅读本书，你将更加熟悉此处记录的概念。

表I.2 学生和教师成功标准：迁移教学的六个目标

目标	学生成功标准	教师成功标准
核心学习结果 学生与基于专长和效能的策略互动，以确保他们获得表层、深度和迁移水平的知识，并培养调控自己学习的技能	学生通过以下方式参与学习核心知识以实现迁移： • 接收专门为表层学习、深度学习和迁移学习搭建的指导和教师反馈 • 应用策略以提高学习效率	有效的教学策略包括以下内容： • 开发与表层、深度和迁移水平的高影响力反馈和教学策略相一致的课程 • 使用策略，使学生在定向、激活和协作方面发展以效能为基础的技能 • 设计让学生在表层、深度和迁移水平上参与的学习单元
共建期望 学生与教师、同龄人和校外人员互动，以明确学习期望，解决迁移问题，制订策略以确保有效反馈并促进合作以解决问题	学生通过以下方法建立清晰的学习情境和问题情境： • 拆解多重情境以获知学习意图和成功标准 • 参与调查活动，以发展有目的的迁移水平的挑战 • 利用线索识别不完整或不准确的知识和表层、深度和迁移水平的关键问题，并计划后续步骤	有效的教学策略包括以下几点： • 使用不同情境下不同成功水平的例子与学生共建成功标准 • 与学生共建多种情境下的驱动性问题 • 建立常规以测试原有知识，并与学生共建不同难度水平下的后续步骤

续表

目　标	学生成功标准	教师成功标准
改变学习体验 学生在学习过程中面临各种变化，以加强迁移学习能力并增强模拟现实生活挑战的能力	学生在以下方面遇到了变化： • 迁移挑战中的视角 • 任务结构或任务预期 • 成功标准 • 情境	有效的教学策略包括以下几点： • 介绍迁移挑战的各种视角 • 在学习单元中切换任务结构或增加任务预期 • 开放成功标准 • 在成功标准中引入不同的工具和规则 • 在学习单元前、中、后融入新的情境
跨问题比较 学生发展迁移水平的技能，以解决迁移水平的问题	学生通过以下途径应用所学知识和技能进行迁移水平的学习： • 创建类比问题 • 与比较任务和情境互动 • 生成和检验假设	有效的迁移教学策略包括以下几种方式： • 向学生展示类似情况 • 提供工具、资源和指导，使学生能够识别问题内部和问题之间的模式 • 提供工具、资源和指导，使学生能够识别问题的异同 • 提供工具、资源和指导，使学生能够解决问题
社区参与 学生通过与课堂内外的人合作来解决迁移水平的问题	学生通过以下方式解决迁移水平的问题： • 在问题情境下与社区、观众和专家互动 • 参与解决问题的过程和协议，以生成迁移水平问题的解决方案	有效的迁移教学策略包括以下几种方式： • 创造需要学生从其他来源收集信息的情境 • 提供工具、资源和明确指导，使学生能够分析来自其他来源的信息 • 提供与他人一起解决问题的工具、资源和明确指导，以生成迁移水平问题的解决方案
学习条件 教师为"为迁移而教"做计划，并确保师生在此过程中检查对学习产生的影响	学生通过以下方式参与迁移水平的问题： • 全年参与整合所有复杂程度的学习体验 • 全年参与整合定向、激活和协作的学习体验 • 创建产品、组合和表现任务 • 参加遵循多种途径的学习单元，以实现表层学习、深度学习和迁移学习	有效的迁移教学策略包括以下内容： • 优先考虑核心课程标准 • 发展学生学习表层、深度和迁移知识与技能的途径 • 设计开放式任务，使学生能够展示迁移水平的知识和技能 • 让学生在教师团队中工作以提高学生表现，创建迁移水平的课程、教学和评价方式 • 规划结构化协议以支持学生与他人的互动

如何阅读本书

如前所述，本书旨在通过提供在课堂上发展和实施迁移水平工作的实际方法来赋能中小学教师。此外，通过广泛的研究、反思和围绕教师团队的讨论，本书为教师培训、专业学习社区的领导者和管理者提供了指导。由于受众广泛，所以在使用该资源时应考虑以下四点：

（1）只有当学生拥有通过表层学习和深度学习获得的大量内容知识时，迁移水平的技能才会产生影响。本书提供了几个迁移的典型例子，但对教通识课程的小学教师来说，内容负担可能稍重。本书正文中有一些基础示例，若想获得适合小学课堂的其他示例，请参阅附录（在本书和go.Solution Tree.com/instruction网站均可查看）。

（2）考虑本书相对广泛的读者——他们在迁移方面有不同的需求、不同水平的背景知识等，附录为文中引用的许多概念和策略提供了具体实例。

（3）如果你是独自工作，为了更好地实现远迁移，请花时间去探索你专业领域之外的学科内容标准和课程目标，这是支持学生应用不同学科的表层知识和深度知识来解决你所提出问题或挑战的最好方式。

（4）"进步教学法"（progressive pedagogy）是确保学生体验迁移水平学习的流行方法。因此，本书在确保这一教学法有效实施和评估方案有效推动学生学习方面是一个有用的指南。然而遗憾的是，本书并没有花太多时间来对问题化学习、项目化学习和基于标准的评分进行探讨。

未来之路

教育工作者经常提出非此即彼的二分法：我们是注重表层学习和深度学习，还是注重迁移学习？哈蒂（John Hattie）称，全球90%的教学都是面向表层学习的（个人交流，2018年7月10日）。他进一步指出，学生很少获得深度学习的机会，除非教师在迁移水平的教学方面有丰富的专业知识。也有一小部分学校注重迁移学习，但这类学校也可能会贬低表层学习的价值，从而导致深度学习不足。

表层学习、深度学习与迁移学习之间的张力关系在当代学校中是真实存在的，这一关系在世界各地无数的课堂和工作场所中也都有所体现。通常情况下，个人、部门、学校或学校系统决定把重点放在迁移学习上（在工具间里捣鼓打磨），或把重点放在表层和深度学习上（坚持在办公室工作）。在办公室里，教科书和教学进程指南为学生在既定的空间里完成预设的任务做好准备。

学校也许有一些空间和项目能够提供迁移学习的机会，如制造实验室、技术中心或职业认证。但在学校的学术层面上，你可以放心，办公空间是完好无损的，它会用表层知识和深度知识填充学生的头脑。我们若把学校的专业化建筑想象成工具间，那么在这里，学生可以修补、探索、挑选零件，并制作新东西。如果我们把学校的主楼想象成办公空间，学生在这里则学习知识，理解特定学科的基本原理。现在再想象一下连接这些建筑的走廊，学生定期通过这条通道优化学习，将事实、技能和各种学科的备件结合在一起以解决复杂的问题。本书将帮助你培养学生从事这一类型的工作。

有了这本书，你将学会如何做以下事情：

• 开发为表层学习、深度学习和迁移学习而设计的单元，最大限度地提高你对学生学习的影响，同时尽量减少你计划所需的时间，这样你就可以把时间和精力集中在发展学生的专长上。

• 通过提出问题、创建任务以及在课堂教学中引入变化，使学生达到更高理解水平，以支持学生在迁移水平的学习。

• 结合教学实践，确保学生在复杂的表层学习、深度学习和迁移学习上实现核心成果。

设计表层学习、深度学习和迁移学习的工具箱

1949年，曼恩峡谷大火在美国蒙大拿州的山区肆虐（Epstein，2019），人们叫来消防人员尽快扑灭大火。这一火灾最初被认为是常规火灾，最后证明不是。情况从犹如正常的、可预测的办公室的一天常规学习变成了不可预测的工具间的一天创新式学习。当森林消防员努力扑灭大火时，大火越过山谷向消防员扑来，队长大声叫消防员扔掉设备，但15名消防员中只有两人这样做了，剩下的人带着工具，在火中丧生，因为他们无法带着装备爬上陡峭的地形。爱泼斯坦（Epstein，2019）写道："一名消防员停了下来，筋疲力尽地坐下来，他沉重的背包从未移开过。"

1994年，同样的现象也发生在美国科罗拉多州，当时消防员没有放弃工具，死于沉

重的背包和链锯（Epstein，2019）。正如心理学家卡尔·韦克（Karl Weick，转引自Epstein，2019）指出的那样："为了适应和提高灵活性而放弃工具则是对于书本救火教条知识的背叛。

正是人们不愿意放下自己的工具，才使一些喜剧变成了悲剧。"有意思的是，根据科学家罗森迈尔（Rothermel，1993）的说法，一些消防队员在接受培训时，通过学习如何与何时扔掉熟悉的工具（如斧子和电锯），以及如何在特定情况下捡起与使用新工具（如建立安全区和使用防火掩体），他们集成了一套类似瑞士军刀的工具来面对常规和非常规问题。

和消防队员一样，教育工作者也有一整套在办公室和工具间分别使用的工具。我们中的许多人都接受过应对表层学习和深度学习的可预测情况的训练。我们熟悉通过确保学生有明确的学习目标，直接示证、指导性练习和独立练习来得到这样的结果。我们接受的培训是管理一个与办公室这一可预测环境相类似的课堂。然而，我们需要一个瑞士军刀这样的工具帮助自己在办公室和工具间的环境中穿行。为了学生，我们也必须学会放下旧工具，拿起新工具，并发展出一定水平的灵活性，确保他们理解每个学科，并能够运用跨学科知识来解决具有挑战性的问题。

在本书每一章的结尾，我将提示你思考自己已经拥有的工具，以及在出现某种情况时你可能需要挑选和使用哪些工具。要知道你是否缺少某种特定工具，一个方法是注意当我提供某些想法和推荐特定策略时你所感受到的紧张感，如果你马上就不同意某项建议，或者觉得自己还没准备好投入某项任务中，那就停下来，记录下这种紧张感，并在明确你要做什么来充分考虑这个想法之后再拒绝它，以及把它认定为你无法利用的东西。此外，如果你觉得自己没有达到某个策略或特定策略所要求的技能水平，请记录下最能帮助你达到熟练程度的步骤。

结　语

学生的未来生活很可能是办公室和工具间的混合体。换句话说，为了应对从工作效率到跨情境解决问题的转换，学生将需要系统地运用表层知识、深度知识和迁移知识，并拥有有效学习的技能。有趣的是，教师也是如此。我们经常重组单元和课程，有时还要重新设计整个课程和教学方法。

本书赞美了学习的本质，并向我们重申教学要根据学习者的需要而灵活设计。虽然没有一个正确的教学模式，但此前所说的六个目标（核心学习结果、共建期望、改变学习体验、跨问题比较、社区参与以及学习条件）可以作为指南，帮助你设计适合实际的模型或框架。

本书中有一些你已经在贯彻的实践，有一些你有所保留的实践，还有一些似乎超出了现实范围的实践。深入了解实践中的变化，可能会提高你在办公空间的效率，并扩大你在工具间打磨修炼时的独创性，这也会让你有机会亲历学生从新手到专家所经历的一切。

— 第一章 —

打好基础：建立表层 – 深度网络

> 相邻的可能性是一种模糊的未来，徘徊在事物当前状态的边缘，是一幅描绘"当下"可以重塑自身的所有方式的地图。
>
> ——斯蒂文·约翰逊（Steven Johnson）

大脑是由一系列的网络组成的,大约有1000亿个神经元,这些神经元构成大约1000个相互连接的神经元群。这种网络是"可塑的",因为神经元可以形成其他结构。新的观念是建立在形成新的神经元网络上的。我们的基因和个人经历塑造了这些神经元以及神经元集群中的神经元群(Johnson,2010)。作为教育者,我们有机会支持学生重塑和重构这些神经网络,使他们成为更出色的学习者和创造者。

约翰逊(Johnson,2010)将一个好的想法描述为一个网络——一群神经元一起工作,在头脑中形成新的想法。对专家来说,一个好的想法是更好的未来的可能性——对现状进行新的迭代和改变。正如约翰逊(Johnson,2010,p.31)所述,专家对"事物的现状"有着敏锐的理解,或者简单地说,他们拥有自己学科的基础知识和技能。他们在寻找"邻近的可能性"(adjacent possible)——他们已经拥有知识和技能之外的解决问题的想法和方案。对学习者来说,了解事物的现状会产生好的想法。这可能包括理解基本的乘法运算,写作时比较连接词的用法,以及理解种族灭绝对整个文明的毁灭性影响。问题是:我们如何建立网络,让学习者既能学习一门学科的基本事实和基本原理,同时能发展网络,解决未来多个研究领域中的真实问题。在本章中,我们将了解两种网络之间的区别,它们构建了个体的专业知识和迁移能力;我们将讨论如何支持学生发展与基础知识和技能相关的网络。

两种网络系统

当涉及发展专业知识以及迁移学习能力时,我们想在大脑中形成两种网络系统。第一种由表层和深度的知识与技能网络组成,又叫表层-深度网络,这是建立在发展别人已经探索和理解了的重要思想的基础上的。这些网络主要关注掌握事实、观念和程序（即表层学习），然后将这些事实、观念和程序联系起来，从而理解一门学科的基本原理（即深度学习）。第二种网络系统由迁移知识和技能网络组成，即迁移网络，该网络是基于隐藏在已知事物边缘之外的可能性。21世纪，学生需要发展两种类型的网络：一种是需要创造下一个创新的网络（迁移网络），另一种是能够最大化这种创新的增殖和效率的网络（表层－深度网络）。

理解表层－深度网络

表层－深度网络构成了专业知识的基础。当学生建立这些网络时，他们就会理解学科（如科学、历史或英语语言艺术）的核心知识。例如，学生必须能够理解生态系统中本地和非本地生物之间的异同。表层和深度知识的发展最好由课程来培养，该课程围绕着核心内容知识设置。此外，根据娜塔莉·韦克斯勒（Natalie Wexler，2019）和教育顾问戴伦·威廉（Dylan Wiliam，2018a）的说法，使用传统的教学方法对学生的学习会非常有效。学生需要待在办公室里，专注于定义"侵入的"（invasive）等术语，详细阐述自己的理解，并接受具体的直接教学和针对性反馈。随着学生进入深度学习阶段，要开始阅读和讨论进化与适应的基本原理，以及这些理论和概念、本地和非本地物种之间的关系。学生要建立和发展对一个学科的持久理解。表层－深度网络是充分进入和使用迁移学习的"前导"（precursor）。

表层－深度网络对于初学者来说，是灵光一闪的时刻。对学生来说，当他们理解了核心思想的时候，马上就有了灵感。例如，理解为什么我们在添加分数时能找到一个公分母，或者在讨论种族时认识到《杀死一只知更鸟》（*To Kill a Mockingbird*）（Lee，1960）中阿提克斯·芬奇（Atticus Finch）的优缺点。教师通常可以很容易地预见学生的这些"顿悟"时刻，因为他们熟悉材料，根据预期计划课程，并进行了及时的评估和教学调整，以确保学生理解课程的核心教学目标。教师有目的地设计必要的过程来为学生创设个人体验，通过阅读故事、撰写文章、理解圆锥曲线以及证明定理等构建知识网络。

为迁移网络重新配置表层－深度网络

表层－深度网络是针对核心知识发展的，而迁移网络是为应用而设计的。迁移网络需要付出艰苦卓绝的努力来发展，是断断续续的，很少是瞬间的创造性突破。通过探索和测试、失败和倒退建立起来的网络，显示为一个渐次成功、间隙增长，有时又有停滞和倒退的混合体。

迁移网络是将表层学习和深度学习的关键观念应用于新的问题和新的情境。这些网络需要神经元的重新组合，使人们能够将来自不同研究领域和个人经历的想法以及解决方案与新的挑战联系起来。在描述迁移网络的本质时，爱泼斯坦（Epstein，2019，p.193）提出了"横向思维"（lateral thinking）这个术语，它是在20世纪60年代创造出来的，用于在新的情境中重新想象信息，包括将看似无关的概念或领域结合在一起，从而给旧的观念提供新的用途。

蒂莫西·普莱斯蒂洛（Timothy Prestero）是"设计那些事"（Design that Matters）的首席执行官，他的工作为这种横向思维提供了一个极好的例子——迁移网络发挥的作用。在一篇《引擎盖下面看到一个婴儿保温箱》报道中，记者玛德琳·斯德勒（Madeline Drexler，2008）阐述了普莱斯蒂洛是如何在发展中国家建造婴儿保温箱，并确保西非偏远村庄的当地居民能熟悉用于制作婴儿保温箱的零部件。另一方面，为了确保像尼泊尔和印度尼西亚等这样的国家能够使用婴儿保温箱，他使用汽车的备用零件来制作这些婴儿保温箱，以便于当地居民维修。开发婴儿保温箱，并找到一种保证它们长期可持续使用的创新方法，是在表层和深度知识的基础上建立起来的。此外，普莱斯蒂洛还与技术和医学方面的专家合作，参与项目实施，与每个社区的居民共同解决问题（Drexler，2008）。

在婴儿保温箱设计完成后，普莱斯蒂洛（Prestero，2012）进一步推进了他的设计工作。他开始把目光投向其他领域，包括金融、政府、制造与供应以及社会学。这种超越了某一个领域的核心知识和技能、涉及各种不同学科和情境来解决真实世界问题的横向思维能力，让他和团队得以开发不同的产品来解决许多真实的问题。他们开发了包括"萤火虫"（一种用于治疗黄疸的发明）在内的不同产品（Arnolda等，2018）。

迁移网络是人类系统的自然组成部分，据研究员斯维勒等人（John Sweller，Jeroen J.G.van Merriënboer & Fred Paas，2019，p.271）所说，迁移是在没有直接教授的情况下自动、无意识地发生的。我们自然地参与基本的社会功能，解决不熟悉的问题，将之前获得的知识迁移到新的情境中去，为可能发生或不可能发生的未来事件制订计划，或操控我们的思维过程以适应当前的环境（p.270）。然而，即使我们本质上已经掌握了思考和解决问题的基本技能，仍有可能缺乏专业知识，无法在特定的学科领域有效地应用这些技能。此外，我们还缺乏时间来练习和接收反馈，以打磨迁移技能，尤其是在学术环境下更是如此。

这并不是说教师在积极地向学生传授迁移水平的技能方面无所作为，而是指大多数学生都会热衷于参与迁移水平的工作。因此，教师应该利用学生的内在能力进行迁移，然后随着时间的推移，努力完善这种能力。挑战之处在于，支持表层-深度网络的最佳方式与使用迁移网络的最佳方式并不是完全一致的。

表层-深度网络通常与理解和再利用旧观念有关，迁移网络则与重新设置和重新安排学科内部及跨学科的表层和深度知识、找到创造性方法来解决问题有关。通常，迁移网络需要从不同领域中寻找备件并将其应用于新的问题。在教学和学习的过程中，教师有机会通过策略性调整教学来发展这两个网络系统。例如，如果我们想让学生建立关于身体各种器官和器官系统的表层知识，那么，教师应设法使学生最大程度地参与到与表层学习相关的策略学习中来。这可能包括教师采用直接教学法进行器官系统的教学、给学生分配创建器官系统大纲的学习任务、教授记忆术以及分发练习单。当学生开始将这些信息整合为对"体内平衡"（homeostasis）概念的一般性理解（即深度知识）时，教师可以引入如课堂讨论、自我评价以及同伴评价与反馈等策略。当学生转向以横向思维为特征的迁移网络时，他们开始解决这样的问题：我们能在多大程度上防止儿童死于黄疸病？对于体内平衡概念的理解，针对商业供应链，如何帮助自己在流行病发生期间做出更好的决策？此时，学生需要利用表层和深度知识来发现与解决多个领域内及跨领域的问题，从而提出解决方案。同样，教师也要运用教学策略，让学生看到相似之处和不同之处，识别新情境下的模式，并参与远迁移学习。

随着时间的推移，教学策略失调会阻碍学生网络系统的发展。教师在探究性学习中经常扮演的是促进者的角色，教师设计教学过程，帮助学生通过独立工作、自我发现或与他人一起开发产品来获取表层和深度知识。因此，教师往往没有提供与学生学习相关的有效纠正措施。这种促进者方法对于建立表层-深度网络是不合适并且无效的。即使在迁移网络的构建过程中，教师也必须发挥积极的作用，帮助学生在不同的情境中构建其对于意义的理解。我们应该始终记住，建构主义不是一种教学理论，而是一种认识和发展知识的理论（Hattie，2009）。

那么，我们如何确保学生拥有表层和深度知识来有效地开展迁移学习呢？

如何帮助学生构建表层-深度网络

事实上，正如斯维勒及其同事（Sweller and colleagues，2019）所指出的，教育机构的发明是因为我们需要获取表层学习和深度学习的知识（p.271）。我们还建立了一些学校，这些学校反对获取知识的概念，而是主要侧重于利用迁移知识和技能，采用对学生表层学习和深度学习影响较小的方法（Hattie，2009；McDowell，2017）。虽然这类学校有可能在迁移水平上产生影响（McDowell，2018），但他们通常不强调直接教学法等策略。正如前面所讨论的那样，实际上，直接教学法对表层学习和深度学习有着深远的影响。

传统上我们侧重于从表层到深度的教育系统或是侧重于迁移的课程，这两者都缺乏全面的教育效益。学生需要一个严格的、适切的学习计划，使他们能够在学科内发展专业知识、拓展跨学科经验。本书的目的是探讨我们可以有效地开发课程的方法，为学生实现表层-深度以及迁移网络的发展，本章主要聚焦于为实现这个目标构建蓝图。

学生通常必须区分学习目标或意图、学习情境、需要完成的任务，以及完成这些任务所需的工作结构。当教师向学生展示这些信息时，学生通常很难区分他们需要做什么和他们正在学习什么。假设学生走进课堂，教师要求他们四人一组完成一份关于海獭在食物链中的角色的PPT汇报。然后，学生必须从要求他们完成的内容（PPT）、学习情境（海獭）以及自己的工作方式（四人小组）中分辨出他们正在学习什么（食物链）。

学生可能很难在课堂上分辨这些常见的目标和活动。这种模糊性在初学者身上表现得尤为明显，他们常常把注意力集中在目标中最具体的方面。学生非常依赖这些信息，因为他们对问题的情境知识知之甚少。相反，专家能够依靠广泛的原有知识，辨别出任务、情境以及工作安排之外的学习目的。

因此，我们应该清晰地向学生阐明学习目标和成功标准，将任务、情境和工作安排的具体细节分开。此外，我们应该花时间让学生在多种方式和多元情境中掌握学习目标和成功标准，这样他们就不会囿于单一的学习情境或任务。一旦学生有了明确的学习方向，我们就可以开展相应的教学，并为其提供一系列连贯的教学策略和学习反馈，这些策略很有可能会对学生的学习产生影响。最后，我们应该考虑给学生嵌入一些策略，让他们对自己的课堂表现情况进行自我监控，这样，他们的独立学习能力会日益得到发展。

为帮助学生构建表层-深度网络，需遵循以下四个步骤。

（1）基于表层学习和深度学习复杂性维度，制订学习目标和成功标准。

（2）在多元情境下利用多个实例，与学生共同创设成功标准。

（3）创设课程，使教学、反馈以及学习策略与复杂程度相协调。

（4）将基于效能的教学策略纳入课堂教学。

基于哈蒂（Hattie，2009）的元分析研究，结合威廉（Wiliam，2018b）的嵌入式形成性评估研究，上述步骤能够对发展学生表层和深度学习产生实质性影响。建立上述策略的核心要义在于学生对学习目标的逐步明晰（Almarode & Vandas，2018；Hattie & Clarke，2018），需要教学指导与学生学习水平相适切（Marzano，2017），需要教育工作者帮助学生激发自主学习的热忱之心，以实现其表层学习、深度学习和迁移学习的目标（Hattie，2009）。

基于表层学习和深度学习复杂性维度，制订学习目标和成功标准

我们将在下一章中看到，迁移网络建立在思维网络的重构基础之上，但在重构之前必须先建立起思维网络。表层-深度网络的建立，需要学生有清晰的表层和深度学习目标，并为这些学习目标的实现构建成功标准。

为了让学生实现这些目标，教师在与学生开始单元和课程学习之前就规划好学习目标和成功标准，这是很有帮助的。正如威金斯和麦克泰（Grant Wiggins & Jay McTighe，2007）已经多次指出的那样，我们必须"以终为始"（p.25）。也就是说，我们必须彻底弄清楚自己希望学生学习什么以及学生需要知道什么才能成功地达到既定的目标。

表1.1～1.3列出了三个例子。在制订计划时，确保学习目标和成功标准不包含学习情境和学习任务（McDowell，2019），这将有助于学生专注于学习的实际目标，并增加他们跨情境迁移的可能性。

表1.1提供了一个小学英语语言艺术单元的分层成功标准的示例。访问go.SolutionTree.com/instruction可以了解更多小学各年级示例。

表1.1 学习目标和分层成功标准（小学示例）

学习目标：设计一则包含多个角色的故事	
复杂程度	成功标准
表层学习	• 认识我们如何通过对话和事件来判断剧本中角色的想法或感受 • 叙述主角经历的各个阶段 • 辨别描写活动和感受的关键形容词
深度学习	• 解构主角经历不同角色的活动和对话 • 将角色的对话和主角历程的各个阶段联系起来

表1.2为中学科学课的分层成功标准。请参阅附录A中的表A.1，了解六年级的示例，访问go.SolutionTree.com/instruction可以了解更多中学各年级示例。

表1.2　学习目标和分层成功标准（中学示例）

复杂程度	成功标准
学习目标：MS-ESS2-4.太阳能和地球引力驱动下的地球系统中的水循环如何受到人类的影响并反过来影响人类	
表层学习	• 解释水是如何通过蒸腾、蒸发、凝结和结晶、降水以及陆地上的下坡流动在陆地、海洋和大气之间不断循环的 • 解释全球水运动和水的形态变化是如何受到阳光和重力影响的
深度学习	• 模拟全球水运动、阳光和重力的相互关系

标准来源：改编自NGSS领先州，2013年。

表1.3提供了一个高中经济学课程中成功标准的例子。请参阅附录A中的表A.2，了解十年级的示例，访问go.SolutionTree.com/instruction可以了解更多高中各年级示例。

表1.3　学习目标和分层成功标准（高中示例）

复杂程度	成功标准
学习目标：设计一个防止/调控垄断的解决方案	
表层学习	• 定义垄断 • 定义垄断权力 • 列出垄断权力的来源 • 解释进出壁垒 • 绘制并解释垄断收益曲线 • 列出限制垄断的方法 • 定义自然垄断
深度学习	• 根据数据求最大利润和最大收益 • 通过最大利润和最大收益评估垄断企业的决策 • 描述垄断的优势与挑战 • 比较和对比垄断与完全竞争

在多元情境下利用多个实例，与学生共同创设成功标准

确保学习目标清晰的有效方法之一是：在我们开始教学时，预先让学生看到并体验成功。教师经常跳过或忽略这一步，他们提供的是评估标准而非成功的例子。这样做可

能适用于专家型学习者，而不是新手学生，因为前者拥有高水平的背景知识以及对预期要完成的工作的适切计划。换言之，评估标准受用于具备原有知识者。然而，对重要背景知识缺乏者而言，评估标准可能只给出一个抽象的目标概念。此外，我们倾向于告诉学生将如何做出评估，而不给他们充分理解什么是成功以及如何理解不同程度的成功的机会。这种被动的方式很可能会让学生无法清楚地了解他们被寄予的期望，无法准确地评估自己的表现，无法改进自己的工作，也无法给他人良好的反馈。

在我开展行动研究的罗斯学区，我们发现当呈现给学生具有示例的评估量表或成功标准时，新手学生更有可能获得明确的学习目标，能够在整个学习过程中监控自己的学习进程并获得成功。此外，当学生与同伴以及教师一起通过分析成功的例子来制订量表时，他们将更有可能理解并使用成功标准（例如评估量规）来进行自评并协助他人改进他们的学习。同时，通过经历上述教学过程，学生的自评和对他人反馈的准确度将更有可能提高。

无论是教师提供评估量规还是让学生参与评估量规的制订，教师都有责任让学生知道成功的标准，这样他们就会有清晰的学习目标。教师可以通过以下方式来为学生提供支持：

- 使用优秀的例子来阐明学习目标和成功标准。
- 在不同的情境和不同的任务中与优秀案例交互。
- 给出和接收不同复杂程度的例子的反馈。

使用优秀的案例来阐明学习目标和成功标准

我们假设教师给予了学生以课堂为单位分享成功标准的机会，然后将成功标准整理成从表层到深度的知识与技巧。为了使之有效，学生必须与具体的示例互动，提高对学习的元认知。

例如，我们假设某位教师为学生设定的学习目标是提高个人的叙述能力。假设这位教师在单元开始时，让学生阅读一篇优秀的记叙文，并让他们尝试在一张纸上写下学习目标和成功标准。图1.1展示了一篇二年级学生的习作，这篇作品可被用于与学生共同构建教学过程。通过让学生分享成功标准、仔细阅读钻研，教师可以预先评估他们的现有水平，并且也为学生提供了一个机会来自我评估他们相对于预期的表现水平。

> **一次惊吓的垂钓之旅**
>
> 乔迪·皮克托
>
> "我冷！我想回家！"弟弟山姆说道。一月中旬，我们正在结冰的湖面上冰钓。爸爸告诉弟弟要稍稍再有一点儿耐心，弟弟听到这个回答一点儿也不开心。他再次要求到暖和的车厢中去，妈妈、姑姑和表弟正在那儿喝着热巧克力。
>
> 最后，爸爸说他要快点儿领弟弟回到车中去。由于我也快要冻僵了，便同意和他们一起回去。姐姐波莉希望留下来钓鱼。爸爸允许波莉待在冰面上，我们三个人则全速跑回车内。冰钓是波莉冬季最喜欢的运动。
>
> 我们刚回到车上就听到波莉大声喊道："爸爸！"一大群人围着她，我们看不见发生了什么，我和爸爸尽可能地快跑。
>
> "波莉！"当我们就快跑到姐姐钓鱼的地方时，爸爸叫道。"波莉，你没事吧？"他疯狂地喊着。我害怕极了。"她受伤了吗？她掉进水里了吗？"我问道。
>
> 然后人群慢慢散开了，我和爸爸靠拢过去。我看到了波莉鲜红色的钓鱼竿，波莉站得高高的，咧着嘴笑着！她钓上来一条破了纪录的大鱼！

来源：由 Reach Associates 提供。

图1.1　记叙文写作范例

接下来，我们假设教师给学生机会让其分享一节课学习的成功标准，然后将标准分类为表层和深度知识与技能。表层标准是写个人故事的独立技能（例如开头、中间以及结尾），而深度标准涉及这些概念之间如何相互关联（例如比较开头、中间以及结尾的连接词）。表1.4给出了一个模板，教师可以将它给学生，还可以作为学术海报或电子文档使用，学生可以用来填充。

表1.4　生成成功标准

类　别	表层学习	深度学习
结　构		
语法和标点		
内　容		
作品质量		

接下来，教师为学生创设一个成功标准的提纲，供他们在记叙文写作时使用。表1.5提供了一个师生共建的分层成功标准的示例。

表1.5 最终的评估标准示例

个人叙述成功标准		
关注领域	表层学习	深度学习
结构	我将： • 确定一个开头、中间和结尾 • 创作一个故事情节 • 列出一组连接词	我将： • 把我的故事情节与一系列清晰的事件——开头、中间和结尾联系起来 • 使用一系列的连接词来支持段落或各部分之间的过渡 • 包含一个独特的出彩部分、介绍作品的角色（包括叙述者）以及背景 • 将主题与支持性细节和结论联系起来 • 将问题的解决与开始提出的问题联系起来
语法和标点	我将： • 使用代词"我" • 使用完整的句子写作 • 当有对话时，添加逗号和引号 • 句首字母大写，句末添加结束符号	我将： • 综合使用多种表示时间的词，如首先、其次、之前、当……时候、然后、最后 • 将代词、动词和动词时态、形容词以及缩写结合在一起
内容	我将： • 添加若干细节描写以增进读者理解	我将： • 按顺序组织细节 • 将细节串联起来，使故事连贯
作品质量	我将： • 邀请其他人阅读我的作品以确保其清晰易读 • 利用反馈来修改作文	—

在不同的情境和不同的任务中与优秀案例交互

为了确保学生明确目标，他们需要以各种方式看到学习目标。这可能包括教师向学生展示多项任务或多元情境下的成功标准。另外，这可能包括教师让学生在不同的情境中完成作品，或者教给学生不同于用于支持其理解目标的案例。

重新看图1.1，让我们设想学生阅读的例子被写成了震撼人心的故事。在全班明晰作品的成功标准后，教师告诉学生记叙文有多种类型，包括日记、信件和诗歌，学生将写一篇记叙文,使用相同的标准来评定自己的表现,并相互给予反馈。问题是他们什么都能写,就是写不出震撼人心的故事。这种策略使学生能够清楚地理解情境之外的成功标准,也大大降低了直接抄袭他人作品的概率。表1.6展示了一个学习目标和成功标准的示例,可以在多种情境和任务中进行演示。

表1.6 学习目标、成功标准、情境以及任务

学习目标	成功标准	情境	任务
说服力	• 文章陈述了个人观点,明确了问题所在 • 论点表达以清晰的目标受众为导向,并阐述了相反的观点 • 多渠道支撑观点 • 结论部分陈述了个人观点并总结了全文	• 有机午餐:我们应该吃有机午餐吗? • 死刑:死刑应该在每个州合法化吗? • 入侵物种:我们应该允许入侵物种进入我们的家园吗?	• 创作一个播客 • 制作一部短片 • 做一次口头报告 • 角色扮演 • 提交一份写作样本

给予和接收不同复杂程度的案例的反馈

当学生拥有恰当的工具来给予和接收彼此之间准确的反馈时,他们通常更能明确学习目标,同时提高自己以及他人的学习水平。一个有效的方法是通过成功标准评价作品,然后讨论给予和接收反馈的可能方式,从而对作品样本进行分类。当全班一起完成时,所有学生都能够修正在作品中寻找的关键成功标准,以及给予和接收反馈的最有效方法。图1.2给出了若干往届学生作品的示例,这些作品是当前学生评估、分类并希望改进的。需要注意的是,如果你希望在这样的课堂活动中分享以前学生的作品,你需要得到这些学生或其监护人的许可。或者,你可以创作自己的作品示例。

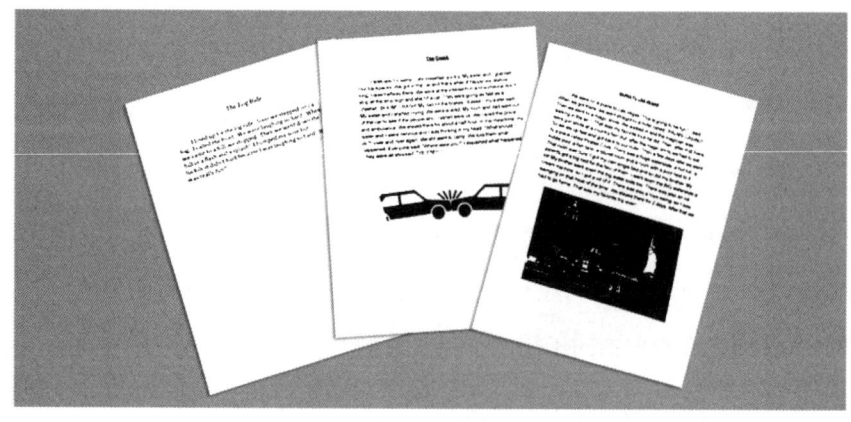

图1.2 学生作品示例

帮助学生确保给予和接收反馈准确性的一个方法是让学生公开练习。让我们回到震撼人心的故事例子（见图1.1），假设学生阅读这篇记叙文以及其他展示不同熟练程度和不同情境的作品样本（例如，一个有趣的故事、一个戏剧性故事）。然后教师选择其中一个例子，要求学生分成小组，根据成功标准来评价作品。A组学生认为这篇文章符合所有的成功标准，B组学生认为这篇文章没有达到一些标准。然后，教师让每组一名学生到讲台前，说明本组给出每个标准的理由，其他学生听老师提问并给予反馈。活动结束后，学生自己拟定可以采取的步骤，以达到所提出的成功标准。当需要时，教师可以选择一个作品样本，并在全班学生面前使用成功标准进行分析。这可以让学生看到教师是如何一步步地进行分析的。

创设课程，使教学、反馈和学习策略与复杂程度相协调

为了支持学生在学习中循序渐进，建议教师按照以下步骤进行课程规划：

（1）设立程序来检查错误的概念和不正确的信息。

（2）为所有课程确定锚点和最佳匹配的策略。

（3）根据表层或深度学习的复杂程度来调整任务。

设立程序来检查错误的概念和不正确的信息

教师让学生参与学习的有效方法之一是向他们指出其在核心学习成果方面的错误概念或缺漏（Muller，2008），这有助于他们清楚地了解为什么他们需要学习新的材料，为什么以前的理解是不正确的或不全面的。教师帮助学生形成对当前目标的理解的一个有力策略是向学生提供预评估数据，让他们确定自己的成功和成长的方向，并进行下一步规划。相关策略包括差异分析；分享、测试和验证；错误-纠错过程（见附录A中的表A.3，以了解策略的更多细节）。

为所有课程确定锚点和最佳匹配的策略

为了支持学生进行表层学习、深度学习和迁移学习，我们需要确保课程具有良好的教学过程，为学生提供学习反馈和学习策略。研究表明，许多练习在复杂程度不同的情况下都是有效的，还有一些则是与复杂程度特定相关的（Hattie & Donoghue，2016；Marzano，2017）。我们把在跨复杂程度上有效的策略称为"锚点策略"（Anchor Strategies），把与特定复杂程度相关的策略称为"最佳匹配策略"（Best-Fit Strategies）。表1.7列举了教师在开发一门课程时可以考虑的一些策略。

表1.7 锚点策略和最佳匹配策略

锚点策略 旨在提高学生在进行不同难度学习时的有效性	• 师生关系——教师确保学生有一个安全、受尊重的环境，让所有学生知道教师关心他们每一个人，并会尽一切努力来确保他们在一个学年里获得比预期更多的成长 • 具备评估能力的学习者——教师确保学生在课堂上能够回答以下问题：我的学习目标是什么？我现在离目标还有多远？接下来做什么 • 教师明确——教师确保学生对本课程、本单元、本节课的学习目标有着清晰的认知 • 形成性评价——教师确保师生能够审视他们的学习行为对学习的影响，然后采取行动改进		
复杂程度	表层学习	深度学习	迁移学习
定　义	理解一个概念、观念或技能	理解概念、观念和技能之间的关系	将概念和概念之间的关系迁移至不同的情境
最佳匹配反馈策略 有效的反馈形式，能够促进学生的学习	作为一种获取表层知识的手段： • 教师引导学生区分正确的和错误的信息 • 教师引导学生详细阐述信息 • 教师引导学生解释和提供案例	作为一种理解和培养深度理解的手段： • 教师引导学生发现解决方案中的错误 • 教师引导学生阐明概念的异同 • 教师引导学生以多种方式解决问题	作为一种将学习迁移至其他情境的手段： • 学生学会自我监控，寻求反馈并根据反馈采取行动来获得提高 • 学生评价问题之间的相似之处和不同之处
最佳匹配学习策略 可以辅助学生学习的有效策略	作为一种获取信息的手段： • 列提纲 • 使用记忆术 • 概述 • 在关键词、句下画线并突出重点 • 做笔记 • 参与有效练习 • 默诵	作为一种联结信息的手段： • 寻求同伴的帮助 • 参与课堂讨论 • 评价和反思 • 自我交谈和自我质疑 • 使用元认知策略	作为一种应用信息的手段： • 识别问题的相似和不同之处 • 在新的情境下观察模式

续表

复杂程度	表层学习	深度学习	迁移学习
最佳匹配教学策略 使学生增进对核心知识或技能的理解的有效教学策略	作为一种使学生建立表层知识和技能的手段： • 使用直接教学法 • 使用表"我已经知道什么""我想学什么""我已经学会了什么" • 使用先行组织者策略	作为一种使学生建立深度知识和技能的手段： • 使用维恩图演示 • 参加一场苏格拉底式研讨会 • 安排数字化交流 • 发起同伴分享	作为一种使学生建立迁移知识与技能的手段： • 为实现远迁移采用问题化和项目化学习 • 采用各种基于探究的方法

来源：改编自McDowell，2019。

根据表层或深度学习的复杂程度来调整任务

与教学和反馈的水平一样，教师期望学生完成的任务应该符合表层学习和深度学习的成功标准。此外，最有效的任务通常是那些需要高质量阅读、写作和谈话的任务。

表1.8列举了涉及阅读、写作和讨论的表层、深度与迁移学习的各个水平的评估任务。

表1.8 样本评估任务

标　准	样本评估
表层学习	阅读：预习一篇文章并画出核心思想 写作：列出并描述核心思想 口语交际：背诵核心思想
深度学习	阅读：当出现文章主旨句、转折句时，进行注释 写作：写出一个主旨句表明核心观念之间的关系 口语交际：阐述一篇文章的主要原理和推论
迁移学习	阅读：在不同的情境中找到其他运用相似推论和原理的文本 写作：写一篇评论文章 口语交际：在小组讨论之前，论证文章的主要原理和推论是如何与一个新的情境联系起来的

来源：改编自McDowell，2017。

将基于效能的策略纳入课堂教学

学生需要发展知识和技能，对自己的学习完全负责，以实现表层、深度和迁移学习的目标。这要求学生了解学习目标、现阶段的理解水平以及满足结果所需的后续行动。我将这种知识称为"定向"（Orientation）。其次，学生需要知道应对压力、挫折所需采取的措施以及挑战他们信念、行为和背景知识的情形。我称这些措施为"激活"（Activation）。最后，为了掌控学习状况，学生需要知道如何给予和接收反馈，以及如何与他人一起完成具有挑战性的工作。这便是"协作"（Collaboration）。

做好定向

我将"定向"定义为学生在课堂上确定学习目标、规划他们当前的表现与后续行动的能力（McDowell，2019）。这种能力类似于游泳者知道他们需要游的距离，他们当前的距离和时间，以及他们需要采取的即时策略，以高效地完成比赛。

在这个过程中，教师支持学生的一个策略是提供一些契合关键成功标准的作品样本的修改稿。图1.3展示了一个学生画的六幅蝴蝶草图。请注意，学生Austin的学习目标是创作一幅科学的蝴蝶画，成功标准包括形状和颜色的准确性。

为了帮助学生专注于学习目标和成功标准，教师告诉学生，他们可以使用图1.3作为一个成功的例子，但他们不能依样画葫芦地创作蝴蝶。接下来，教师可能会：

- 让学生两人一组讨论他们将如何给予反馈以改进之后的草稿；
- 引导课间休息，邀请学生对作品给予反馈，朝着模范作品的方向前进；
- 引导学生学会随着时间推移反思学业表现。

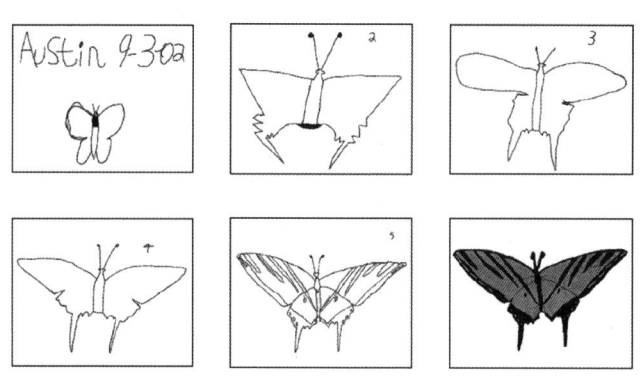

图1.3　Austin的蝴蝶

来源：学生Austin的艺术作品。"Austin的蝴蝶"来自博伊西的安瑟特许学校。请在线观看优秀图例：https://modelsofexcellence.eleducation.org/projects/austins-butterfly-drafts.

促进激活

"激活"指的是学生在课堂上应对挑战的能力。这需要一系列的情感和认知技能，因为学生经常面临无聊、负面反馈、学习目标的变化和可能令人不安的认知失调。

教师可以帮助学生在学习中取得进步的两个关键做法如下。

（1）着眼于未来：学生立即规划下一步如何提高，对过去未达到的目标不必纠结。

（2）过去和现在：学生考量那些让他们在学习中不断前进的策略。

第四章详细讨论了作为驱动迁移学习的关键要素的激活技能。附录A中的表A.4给出了一个基于效能的策略的例子。

鼓励协作

我将"协作"定义为学生之间给予和接收有效反馈，推动其自身和他人学习能力的提升（McDowell，2019）。学生使用反馈的关键因素之一是点对点输入。但是，如果课堂练习设计得不恰当，学生可能会给对方不准确或不恰当的反馈（McDowell，2019）。例如，如果学生不知道成功的记叙文是什么样子的，那么他们给同伴的反馈将只是基于猜测和已具备的记叙文知识。研究员格雷厄姆·纳托尔（Graham Nuthall，2007）发现，课堂上学生给予和从同伴那里接收到的反馈80%是不准确的。教师确保准确反馈的一个关键举措是深挖策略，如附录A的表A.4所述。

结　语

本章概述了大脑的两种网络系统，重点关注能使学生掌握思想的表层-深度学习网络，因为如果我们没有足够的核心知识，迁移网络就其本身而言不足以解决真实世界的问题。学习迁移知识要求学生不仅要有学科基本思想和坚实的基础技能，还需要用工具来监控和调整学习。通过采取一系列措施，教师可以和学生一起，有效地、有目的地奠定学习的基础。接下来的几章将在此基础上探讨迁移学习的必要步骤。

反思性问题

以下问题是为教师设计的，你可以单独或以团队的形式提问，以确定课堂上将采取的下一个步骤。当你阅读这些问题时，重要的是，反思目前与学生一起使用的工具，以及你可能发现你当前的观念和做法与我所提出的有相悖的地方。如果你还记得在导论中提到的，教育工作者通常会随身携带一套工具，这些工具在某些情况下很有效。这一章的内容对于那些在办公室中使用工具的老师来说可能有些熟悉——课堂关注的是表层和深度的知识和技能。然而，携带了一套错误工具的教师可能会觉得这一章很有挑战性。

无论你处于什么位置，这都是你吸收新工具的机会。

（1）你从这一章中学到的重要观点是什么？

（2）思考这一章的主要步骤：根据表层学习和深度学习的复杂性准度，制订学习目标和成功标准；在多元情境下利用多个实例与学生共同创设成功标准；创设课程，使教学、反馈和学习策略与复杂程度相协调；将基于效能的教学策略纳入课堂教学。你觉得在课堂上使用哪一个或哪些步骤是最有信心的？在你的学习和教学中，你认为哪一个或哪些步骤是潜在的增长领域？

（3）你将如何确保学生发展定向、激活以及协作的技能？

（4）在接下来的几章中，当踏上旅程时，你的关键须知或问题是什么？

后续行动

和反思问题一样，请单独或以团队的形式来完成每一个步骤，决定你将在课堂上采取的行动。

（1）制订一系列的学习目标和成功标准，并和其他全体教职员一起阅读。进行这种审查的好方法之一是为反馈加入一个特定的协议。考虑使用伙伴互评协议，见附录A的表A.5。

（2）与学生进行头脑风暴，思考共同制订成功标准的方法，然后与学生一起尝试这些策略。评估方法有效性的一种方式是在共同构建之前、期间和之后问学生以下问题：

a. 学习目标是什么？

b. 成功是什么样子的？

c. 如何知道你已经成功了？

d. 如何确保你给予和接收到的反馈是准确的？

（3）拟出若干你认为学生应该学会迁移的与学习目标相关的分层成功标准。接下来，拟订一个共同构建的过程，让学生参与到学习中来。在启动之前，请接收其他教职员的反馈（参见附录A的表A.5的伙伴互评协议）。在共同构建过程结束之后，与全体教职员一起复审你的作品，记住下面的问题：

a. 在这个过程中，你获得了哪些成功？

b. 在这个过程中，学生获得了哪些成功？

c. 与你过去的做法相比,你注意到哪些变化?

d. 与学生过去的做法相比,你注意到哪些变化?

e. 你会如何改进这个过程?

f. 未来你会有什么不同做法?

g. 未来学生会有什么不同做法?

— 第二章 —

超越基础：构建迁移网络

> 科学思想史上的一切决定性事件，都可以用不同学科之间的思想交融来描述。
>
> ——亚瑟·凯斯特勒（Arthur Koestler）

当我们教授学生构建表层和深度网络所需的知识和事实时（例如解方程式、撰写实验报告、了解政府的各个部门），阐明的内容是固定的并且可预测的。如果遵循规则、投入时间，并努力掌握一门学科的核心观念，那么我们将能成功地解决一些常规问题。表层-深度网络对于办公室工作是必不可少的，如果我们进一步深入下去，这些网络最终会让每个学生解决工具间的非常规和不可预测的问题。这就是这一章的全部内容——从办公室到工具间的关键过渡。

正如我们之前讨论过的那样，迁移学习涉及横向思维和行动。我们想方设法寻找途径来弄清学科和真实情境之间的新联系，以解决一个新问题。在很多方面，涉及如何利用不同领域的知识和技能来理解一个新出现的问题或找到一个新颖的解决方案。让我们看看复杂问题解决的一些现实案例，并从中探索可以在课堂上采取的步骤，帮助学生构建迁移网络。

导演昆汀·塔伦蒂诺（Quentin Tarantino）没有读过电影学校。他在一家音像店工作过，自然看了许多各种各样的电影，跨越了不同的流派。他不拘泥于某些电影的成规教条，而是在自己的电影中融合了各种流派。他通过长时间的揣摩学习，构建了自己的表层-深度网络，同时，通过整合自己的跨流派作品，开始编制一个迁移网络。他在谈到《低俗小说》(*Pulp Fiction*, 1994)和《被解救的姜戈》(*Django Unchained*, 2012)两部电影时说道："我一直受到意大利西部片风格的影响。我曾经把《低俗小说》形容为摇滚意大利西餐，用冲浪音乐代替了埃尼奥·莫里康内（Ennio Morricone）①。我不知道《被解救的姜戈》是不是一部西部片，这是一部南部片吧。我拍摄的是西部题材的故事，但以南方

---

① 意大利电影配乐大师（1928—2020）。莫里康内一生创作超过500首电影音乐，风格横跨古典、爵士、流行、摇滚、电子、世界音乐等。——译注

为背景。"(McGrath, 2012)

塔伦蒂诺利用自己在电影方面的知识和技能，然后发挥迁移能力，从不同的电影和音乐流派中获取各种元素，为观众带来全新的体验。他没有跳出固有的思维模式，而是将多种思维模式结合起来——冲浪音乐、摇滚乐、意大利式西部片等。

艺术领域的另一个例子是电影作曲家尼古拉斯·布泰尔（Nicholas Britell）。他曾在华尔街从事过交易员。业余时间里，他为电话公司创作了让用户等候通话时播放的音乐。他发现，这些截然不同的经历赋予他在电影领域取得成功所需的洞察力。在与泰瑞·格罗斯（Terry Gross）的采访中（2019），布泰尔做了分享，如他定期体验、与导演深入谈话、觉察音乐风格之间的联系，以及致力于叠加音乐，在打乱故事气氛的同时却表达了人物的情感。例如，在《假如比尔街会说话》（*If Beale Street Could Talk*）中，主人公喜欢听爵士乐，尽管布泰尔在电影配乐中大量使用了弦乐——这是他传达爱与美的主题的方式。他对不同音乐理念的应用为电影营造了一种深度，这是那些在办公室里刻板学习音乐的人所无法企及的。布泰尔和塔伦蒂诺当然需要各自领会音乐和电影，但他们另辟蹊径——把这些零碎的东西拼在一起，创造出更好的产品或解决方案。在工具间里，我们做的事情就是东捣鼓西打磨，布泰尔和塔伦蒂诺就在工具间里玩得不亦乐乎。

还有无数其他人运用横向思维从不同领域收集内容进行打磨的例子。克拉伦斯·伯宰（Clarence Birdseye）就是这样一个人，他发明了电视餐，并实质性地带动了现代冷冻食品行业。伯宰曾和因纽特人一起钓鱼，当他在渔船上工作时，他看到了被丢弃的腐烂鳕鱼。这段经历促使他后来在一所渔业实验室致力于研究减少浪费。带着这种体验，伯宰发明了一个速冻程序，可以保存鱼类并维持鱼的品质（Johnson, 2014）。

这种思维和应用的其他例子比比皆是。查尔斯·理查德·杜鲁（Charles Richard Drew）发明了第一个大型血库，将冷藏技术和他的输血专长结合起来。凯瑟琳·布洛杰特（Katherine Blodgett）发明了非反射玻璃。他们都因为种族或性别而面临考验和磨难，都使用了横向思维和在工具间里捣鼓来创新。布泰尔、塔伦蒂诺、伯宰、杜鲁和布洛杰特并没有在办公室里花时间完善表层-深度网络。相反，他们从这些网络中掌握了足够多的知识，并拥有独特的经历，可以将不同领域的想法整合在一起。他们从办公室搬到了工具间。这就是人们构建迁移网络的方式——参与看似不同的情境，并在这些情境之间寻找思路和解决方案。

如何帮助学生构建迁移网络

为了让学生参与构建跨学科网络，教师必须为学生提供遇到跨学科问题、想法和内容的场景。表层-深度网络有助于学生发挥每个学科的关键性理解的杠杆作用，但对于迁移学习来说，学生必须能够融合表层和深度知识，以解决复杂的跨学科问题。

为了发展迁移水平的知识和技能，学生应该评估多元情境，以获得学习目标、成功标准，进行迁移水平的挑战。

第二章都是为这项工作安排的，因为它对设立迁移目标来说是必要的。鉴于第一章中讨论的内容，在表层-深度网络中，学生应该熟悉理解和制订（即共同构建）学习目标、成功标准的目的及做法，为这些策略的应用做好充分准备，从而过渡到迁移学习。教师应该遵循下面这四个步骤，使学生参与迁移水平的学习。

（1）制订学科内部及跨学科之间的迁移水平的成功标准。
（2）为学生参与制订表层和深度学习目标及成功标准创设多元情境。
（3）创设迁移水平的问题。
（4）共同制订迁移水平的挑战和任务。

制订学科内部及跨学科之间的迁移水平的成功标准

为了让学生参与迁移水平的学习，教师需要通过创设成功标准来设立迁移水平的目标。表2.1列举了若干迁移水平动词的例子，你可以使用它们来创设迁移水平的学习目标和成功标准。

表2.1 评价量规

迁移水平动词
学生将设计和实施……
学生将制订……
学生将概括……
学生将假设……
学生将发起……
学生将思考……
学生将探究……

在设计迁移水平的学习目标和成功标准时,你可以从以下几种方法中选择一种。

- 为一门学科的某个学习目标拟定一组迁移标准。
- 整合同一学科的多元学习目标。
- 整合不同学科的多元学习目标。

表2.2提供了一个模板,可以用于设计迁移水平的学习目标和成功标准。附录包含了迁移水平的学习目标和所有年级的成功标准的具体例子。

表2.2 迁移水平的学习目标及成功标准的模板

学科内,单个学习目标	学科内,多个学习目标	跨学科,多个学习目标
学科A 学习目标 表层成功标准 深度成功标准 迁移成功标准	学科A 学习目标 表层成功标准 深度成功标准 学科A 学习目标 表层成功标准 深度成功标准 迁移成功标准	学科A 学习目标 表层成功标准 深度成功标准 学科B 学习目标 表层成功标准 深度成功标准 迁移成功标准

让我们来看一个在英语语言艺术和社会学中将表层和深度学习目标及成功标准进行整合的例子。表2.3给出了社会学中表层和深度学习目标及成功标准的具体例子,表2.4给出了英语语言艺术的表层和深度学习目标及成功标准的具体例子,表2.5阐明了表2.3和表2.4所示的学习目标的迁移成功标准。值得注意的是,附录B中的表B.2列出了更多制订迁移水平学习目标的例子。

表2.3　表层-深度学习目标及成功标准示例（社会研究）

学习目标	学生评价美洲印第安人以及印第安民族与新移民之间存在的合作与冲突
表层学习	• 描述英国、法国、西班牙、荷兰和印第安民族之间的北美控制权之争 • 描述殖民者和印第安人在17～18世纪存在的合作（例如，农业、毛皮贸易、军事联盟、条约以及文化交流） • 考察美国独立战争之前的冲突（例如，佩古奥特人和菲利普王在新英格兰的战争、弗吉尼亚的波瓦坦战争、法印战争） • 讨论违反条约和屠杀的作用，以及导致印第安人战败的因素，包括印第安民族对入侵与同化的抵抗［例如《泪痕》(the Trail of Tears)］ • 描述印第安人自相残杀的冲突，包括争夺土地控制权的冲突（例如，易洛魁人、休伦人以及拉科塔人之间的战争） • 讲述当时重要领导人的成就与影响（例如，John Marshall、Andrew Jackson、Tecumseh首长、Logan首长、John Ross首长以及Sequoyah首长）
深度学习	• 基于对美洲印第安人和印第安民族与新移民之间的合作与冲突的理解，比较群体之间的合作与冲突 • 分析美洲印第安人之间、印第安民族与新移民之间的合作与冲突

标准来源：改编自美国加利福尼亚州教育部，2000。

表2.4　表层-深度学习目标及成功标准示例（英语语言艺术）

学习目标	撰写信息性或解释性文章，调查一个话题，能清楚地表达观点和信息
表层学习	• 介绍一个话题，并将相关信息分组，可使用图解，便于理解 • 用事实、定义和细节展开主题 • 使用连接词和短语（例如，也、另一个、和、此外以及但是）来连接同一类信息和观点 • 包含一个结束语句或结论部分
深度学习	• 将话题的介绍部分和结束语部分联系起来 • 将话题与事实、定义和细节联系起来 • 在写作中使用连接词来连接和对比信息

标准来源：改编自美国国家州长协会(NGA)最佳实践中心和首席州立学校官员理事会(CCSSO)，2010a。

表2.5　迁移成功标准示例

迁移学习	• 基于历史分析的视角，撰写一份关于如何改善当代群体内部以及不同国家之间合作与冲突关系的研究报告

为学生参与制订表层和深度学习目标及成功标准创设多元情境

一旦教师开始设计迁移水平的成功标准,下一步就是开展头脑风暴,讨论与学习目标相关的不同情境。例如,在《1984》和《华氏451度》(Fahrenheit 451)等书中,许多英语语言艺术课程评价和探讨了权力的主题。这些是典型的学科内情境。不过,教师可以指导学生查阅其他文本,将学习目标扩展到学科外的情境,例如,行政领导晋升中性别和权力的动态关系,以及选区划分中的种族歧视。

在英语语言艺术课堂上,学生可以讨论伊斯雷尔·弗劳(Israel Folau)的案例,他在自己的社交媒体网站上发表了关于特殊群体的言论后,起诉了澳大利亚橄榄球协会对他的禁赛处分。这是一个教师可以与学生一起使用的情境,他们可以看到,在一种或多种情况下,应该如何处理这样的事情。然后,学生可以考量其他社交媒体网站的审查准则,因为这些网站涉及被禁的媒体人物,这些是典型的学科外情境。表2.6给出了若干学科内和学科外情境的例子。

表2.6 创设多元情境示例

学科内情境	学科外情境
学科:英语语言艺术 学生比较两篇表达不同主题的文章〔例如,《杀死一只知更鸟》(To Kill a Mockingbird)和《蝇王》(Lord of the Flies)〕	学生听几个播客,采访社区里不同的人,以理解书中反复出现的关于人类境况的主题
学科:统计学 学生使用参数统计解决应用题	学生参与当地大学或职业棒球大联盟及小联盟的棒球分析师的视频会议,以鉴定他们用来评估球员的重要数据
学科:化学 学生进行多个关于扩散的实验	学生进行多项扩散实验。采访研究人员,并探索一系列基于核心标准的不同案例的研究(如微生物学)

创设迁移水平的问题

教师应该创设"驱动性问题"(driving questions)——导致迁移的问题,通过这种模式为学生安排挑战。驱动性问题指的是一个问题的推动力,它促使学生学习关键背景知识以解决重要问题,这个问题驱动了学习。这些问题的设计是为了确保学生应用自己所获得的表层和深度知识。此外,驱动性问题应该聚焦在单个或多元情境的某个共同挑战上。表2.7展示了一个多元情境下的驱动性问题。

表2.7 情境和驱动性问题示例

情　境	驱动性问题
• 橄榄球运动员伊斯雷尔·弗劳 • 社交媒体网站禁言高关注度用户 • 《1984》 • 《华氏451度》(Fahrenheit 451)	公司和政府应该在多大程度上审查言论？

表2.8提供了若干迁移水平目标的潜在驱动性问题，这些问题通常与应用知识和技能有关。

表2.8 迁移水平目标的潜在驱动性问题题干

迁移水平动词	潜在的驱动性问题
设计和实施	我们该怎么……？
制　订	我们该怎么……？
概　括	什么时候会……？
假　设	会……？
发　起	我们应该……？
思　考	谁……？
探　究	多大程度上……？

正如杰伊·麦克泰和格兰特·威金斯(Jay McTighe & Grant Wiggins, 2013, p.7)所指出的那样，在确定驱动性问题时，最重要的一点是"目的胜过形式"。也就是说，你问问题的原因（就问问题的预期结果而言）比你如何措辞更重要。因为在第一章中花了大量时间将工作定向于学习的核心标准，我们现在必须考虑核心标准的相关性和影响。本质上，我们想要解决重要的问题。

当创设驱动性问题时，教师应考虑两个因素：①挑战对学生和其他人的合目的性程度；②在学科内部及跨学科之间的预期整合水平。

常见但不太好的驱动性问题如：你（学生）将如何计划并消除末日僵尸的威胁，作为博物馆馆长如何组织一个关于复兴的展览，以及如何用业余爱好商店的材料重建双螺旋结构。第一个问题描述了一个不可能的场景，第二个问题让学生扮演一个专业的角色，而不是将他们重构的知识应用到真实世界的问题上，第三个问题只是强化了表层知识。

在设计具有挑战性的问题或情境时，教师应该考虑现实的、需要应用的以及对学生、当地和全球社区有影响的挑战。表2.9提供了几个驱动性问题的例子，这些问题具有挑战性，并与迁移水平的目标有关。表2.10列举了许多跨学科和情境的驱动性问题。

表2.9 驱动性问题示例

- 在多大程度上应该从公共场所移除先前存在的偏见符号？
- 大学先修课程（AP）的入学考试应该从学校政策中剔除吗？
- 神创论应该和进化论一起在科学课上传授吗？
- 我们应该如何解决二年级课堂里的霸凌行为？

表2.10 跨学科驱动性问题示例

学　科	情　境	驱动性问题
• 环境科学 • 英语语言艺术 • 社会	• 大洋航线限速 • 《白鲸记》（Moby Dick）	• 我们怎样才能改变人类与某些动物之间的敌对关系呢？ • 人类应该在多大程度上对诸如外太空这样没有被一些物种所占有的空间负责？
• 英语语言艺术 • 化学	• 《玻璃的故事》（The Story of Glass） • 《1984》	• 我们能在多大程度上保证所有人都受到了当前和过去的技术革新的积极影响？
• 生物 • 英语语言艺术	• 《物种起源》（On the Origin of Species） • 《星球大战》（Star Wars） • 社会项目	• 人类能在多大程度上控制多样态的进化？ • 人类应该操纵进化过程吗？

表2.10所示的每种情况下的学习目标和成功标准可在附录B的表B.2中找到。

创建迁移标准、情境和挑战的过程是迭代的。教师经常在迁移水平问题的各个方面摇摆不定，直到他们认为自己明晰了每个要素之间的分界线。表2.11提供了潜在情境、迁移成功标准和驱动性问题三个方面的示例。

表2.11 潜在情境、迁移成功标准和驱动性问题示例

潜在情境	迁移成功标准	驱动性问题
建造或修缮靠近人类聚集区的国家公园的边界	设计并执行真实生活情境的解决方案	我们应该控制国家公园的边界来缓和人类与动物之间的冲突吗？
在公共的或有争议的空间，创造一个新的濒危物种（例如，海洋或一个国家或地区有争议的边境）	从一个情境到另一个情境评估解决方案的执行情况	我们如何保护那些生活在不属于任何国家区域内的动物？

续表

潜在情境	迁移成功标准	驱动性问题
引入一个新的物种	评论一种基于学科核心原则一致性的解决方案，并描述你为提高一致性而做出的改变	我们应该在多大程度上引入一个新的物种？
清除一个入侵物种	推测同一个问题在一个或多个情境中的不同解决方案的影响	我们应该在多大程度上清除一个入侵物种？
拯救当地动植物	将解决方案的基本原理从一个情境应用到另一个不同的情境	我们应该拯救对当地社区没有经济价值的本地动植物吗？

共同制订迁移水平的挑战和任务

在第一章，我们研究了学生参与决定学习目标和成功标准的共同制订过程。这一过程使学生能够理解用来识别和描述观念与概念（表层知识）以及关联观念与概念（深度知识）的知识和技能的标准。此外，这一过程确保学生为给予和接收有效反馈做好准备。

这一章涵盖了一个类似的过程，学生彼此之间、学生和老师之间进行互动。然而，在这个过程中，学生要寻找的是不同情境之间的实际关系。教师必须要让学生找到一个首要的驱动性问题，将两种情境联系起来，在这个过程中，学生得出了迁移的标准。因此，学生生成了一系列必要的表层和深度知识，以实现驱动性问题的目标。

假设一位教师给学生呈现了数学中的两个速率问题，如图2.1所示。一种情境是两列火车从两个不同的地点相对驶来；一种情境是两艘船从两个不同的地点驶向对方。

两列火车从不同的城市出发，以不同的速度驶向对方。它们何时何地相遇？

列车A，以每小时113千米的速度离开韦斯特福德，驶向418千米外的伊斯特福德。与此同时，列车B，以每小时97千米的速度离开伊斯特福德，驶向韦斯特福德。两车何时相遇？它们在距离各自出发城市多远的地方相遇？

韦斯特福德   伊斯特福德

两艘船从不同的城市出发，以不同的速度驶向对方。它们何时何地相遇？

帆船A，以每小时4海里（约时速7.4千米）离开索萨利托，驶向19千米外的旧金山巨人体育馆。与此同时，帆船B，以每小时7海里（约时速13千米）离开旧金山巨人体育馆，驶向索萨利托。这两艘船何时相遇？它们在距离各自出发城市多远的地方相遇？

来源：改编自 Thomas, Brunsting & Warrick, 2010。

图2.1 相遇问题

为了参与迁移中的共同构建，教师要求学生阅读两种情境（即火车和帆船）并确定每个问题的相关学习目标和成功标准（见表2.12）。接着，教师指导学生在两个问题中找出整体的驱动性问题。最后，学生讨论用于展示他们迁移水平问题和解决方案的最好方式。这个问题可以用各种各样的方式来展示，包括口头报告或书面阐释。

图2.1中的速度问题呈现了一个经典的近迁移问题，在这个问题中，学生必须比较不同的情境，并着眼于一个特定的数学学习目标。对学生来说，迁移的关键在于他们能懂得速度运算在不同情境下如何应用。实际速度问题的解决蕴含于表层-深度网络。表2.12列举了速度问题的成功标准。

表2.12 速度的分级成功标准

复杂程度	成功标准
表　层	使用过程步骤来找到距离、时间和相对速率（或相对速度）
深　度	确定距离、时间和速度之间的关系。 只要在等式两边进行相同的运算，等式依然成立。我们可以两边同时除以速度：距离/速度＝时间，或除以时间：距离/时间＝速度
迁　移	在不同的情境中应用运算

现在，让我们来研究一个更复杂的问题，它涉及多元情境的学习目标和成功标准，并与学生一起经历共同构建的过程。当设计近迁移至远迁移和远迁移水平的学习时，个别教师需要结合不同学科的学习目标、成功标准和情境。虽然与其他教师合作有助于为学生参与设计迁移水平的学习，但这并不需要一定要这样做。

假设学生必须满足表2.13所示的学习目标和成功标准，作为一种推动学生向迁移水平学习转化的手段，有些教师采取以下行动：

- 创设每个内容领域中与基本的表层知识和深度知识相关的迁移水平的成功标准。
- 确定一组迁移水平的驱动性问题。
- 提出几个情境性问题，学生必须评估这些问题，以理解基本的表层和深度知识，并解决一个或多个问题，以符合迁移水平的成功标准。

在考虑了表2.13中的学习目标和成功标准后，有些教师决定了这一迁移成功标准：为不同国家提出解决方案，以阻止或限制帝国主义并增加当地资产。

表2.13 跨课程标准的学习目标和分级成功标准

内容领域	学习目标	表层	深度
生物	• 我会使用数学表达式或计算表示法来解释影响不同规模的生态系统承载能力的因素（HS-LS2-1）	• 定义承载能力、生态系统、生物和非生物资源以及环境 • 定义掠食、竞争和疾病 • 识别用于分析族群的数学表达式或计算表示法	• 把环境和资源与人口增长的关系联系起来 • 将生物和非生物资源与生态系统的承载能力进行比较 • 将掠食、竞争和疾病与生物的生存联系起来 • 将计算表示法与某种情况下族群的变化联系起来
统计学	• 我会从抽样调查、实验以及观察研究中得出推论并验证结论（HSS.IC.B）	• 辨别抽样调查、实验以及观察研究的目的和差异；解释每一项的概率是如何彼此相关的（HSS.IC.B.3）	• 根据来自抽样调查的数据评估一个总体平均值或比例；通过使用随机抽样的仿真模型来确定误差范围（HSS.IC.B.4） • 根据一次随机实验的数据比较两种论述；使用模拟分析法判断系数之间是否存在显著性差异（HSS.IC.B.5） • 基于数据评估报告（HSS.IC.B.6）
英语语言艺术	• 我会基于合理的推理和充分的相关证据撰写论据，支持实质性话题或文本分析中的观点（W.9-10.1）	• 介绍准确的、有见地的观点；确立观点的重要性；辨析替代观点和对立观点；创建一个机构，按照逻辑排列陈述、反对意见、理由和证据（W.9-10.1.A） • 公正并彻底地提出观点和对立观点，为每一种观点提供最相关的证据，同时指出两者的优势和局限性，并预判受众的知识水平、关注点、价值观和可能的偏见（W.9-10.1.B） • 遵守学科规范和惯例的同时，建立并保持一种正式的风格和客观的语气（W.9-10.1.D） • 提供一段结束语句或章节，其位于论点之后，并用于支持论点（W.9-10.1.E）	• 使用单词、短语和从句以及不同的语法来连接文本的主要部分，创造衔接，并阐明观点和理由、证据以及观点和对立观点之间的关系（W.9-10.1.C）

续表

内容领域	学习目标	表 层	深 度
英语语言艺术	• 我将分析以下至少两个地区或国家在新帝国主义时代的全球变化模式：非洲、东南亚、中国、印度、拉丁美洲和菲律宾（10.4）	• 描述工业经济的兴起（例如，国家安全和战略优势的作用；由国家霸权、社会达尔文主义以及传教士推动，研究引起的道德问题；诸如土地、资源以及技术等物质问题）（10.4.1） • 讨论英国、法国、德国、意大利、日本、荷兰、俄罗斯、西班牙、葡萄牙以及美国等国家的殖民统治地点问题（10.4.2） • 从殖民者和被殖民者以及殖民统治下的人民的即时和长期反应来阐释帝国主义（10.4.3） • 描述世界殖民地区的独立斗争，包括领导人的角色，以及意识形态和宗教的角色（10.4.4）	• 把工业经济的帝国主义和殖民主义联系起来 • 讨论殖民者和被殖民者的位置的含义 • 评价殖民者和被殖民者的观点 • 从两个群体的角度分析殖民者和被殖民者的行为

标准来源：改编自美国加利福尼亚州教育部，2000年；NGA & CCSSO，2010b；NGSS领先州，2013。
译注：括号内的字母与数字是指美国高中统计课程标准的具体学习要求，如HSS.IC.B。

教师为学生选择并呈现两种情境：①莫桑比克的反偷猎行动；②美国马林县的海洋哺乳动物救援和康复工作。

教师告诉学生，在莫桑比克首都附近的马普托特别保护区，偷猎大象的行为大幅增加。然后，教师问学生："莫桑比克政府应该在多大程度上保护国际旅游业的重要资源以及国家的整体利益，同时平衡马普托的内外经济差距？"

接下来，教师向学生展示了一份关于海豹、海狮和海獭的清单，这些动物都是在加利福尼亚州索萨利托海洋哺乳动物中心获救的。通过阅读，学生确定大多数动物有着与人类的直接和间接的互动。教师问学生："谁负责管理海洋哺乳动物？"

这里，学生评估这两种情境之间的异同——在这个案例中，涉及莫桑比克旅游业和当地经济以及北太平洋海洋哺乳动物救援。图2.2列出了学生可能的回答。

一旦学生评估了这两种情境，教师就会要求他们创设一个（或多个）连接这两种情境的驱动性问题——例如，应该在多大程度上限制影响当地和全球生态系统的经济和社会活动？接下来，教师会返回上一步，分享表层和深度学习目标及成功标准，学生需要

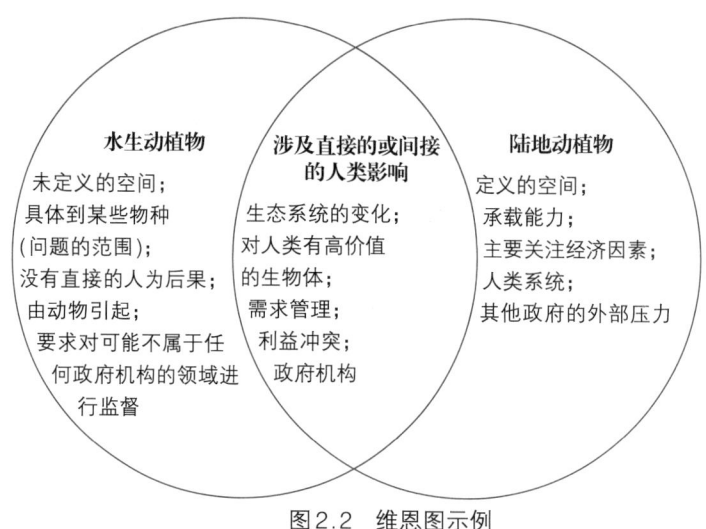

图2.2 维恩图示例

学习如何成功地回答驱动性问题。最后，教师要求学生找出他们可以向他人呈现自己解决方案的方式。学生有很大的自主权来展示他们的表层和深度知识，并呈现其驱动性问题的答案，方式包括口头演示、书面阐释、播客等。

结　语

当学生面对不止一种情境时，他们就有机会将表层和深度知识转化为问题。难度的大小取决于教师向学生展示的情境和学科的数量。最终，学生对确定核心问题的参与程度是他们参与迁移水平学习、学习投入或加强表层和深度知识的关键。本章中的活动提供了一个模板和几个迁移设计示例。

反思性问题

以下问题是为教师设计的，你可以单独或以团队形式解决，以确定你将在课堂上采取的下一个教学步骤。当你阅读这些问题时，重要的是，反思你目前与学生一起使用的工具，以及你可能发现自己当前的信念和做法与我所提出的之间相悖的地方。教育工作者通常会随身携带一套工具，这些工具在某些情况下很管用。这一章的内容对于那些在工具间里使用工具的教师来说可能有些熟悉。然而，配备了一套适合办公室使用的工具的教师可能会觉得这一章很有挑战性。无论你处于什么位置，这都是你吸纳新工具的机会。

（1）这一章有什么令你意外的地方？现在你知道了哪些在读本章之前不知道的东西？

（2）迁移设计步骤与你目前的设计有何相似或不同之处？

（3）对你来说，与学生接触最可行、实用的方法是什么？

后续行动

和反思问题一样，请单独或作为一个团队来完成每一个步骤，并决定你将在课堂上采取什么行动。

（1）成立一个教师小组，让每个人记录对以下一系列问题的回答。

a.这篇阅读的一个关键要点是什么？

b.你在阅读这一章时遇到的某个挑战是什么？对你当前的信念或做法产生挑战的地方是什么？

c.你明天想尝试什么？

接下来，教师与小组成员讨论他们的回答。最终，答案可能用于确定个人和团队的目标。

（2）请阅读附录B中关于近迁移、近迁移至远迁移和远迁移的单元示例（分别是表B.3、B.4和B.5）。访问go.SolutionTree.com/instruction，下载这些模板，然后创设你自己的近迁移、近迁移至远迁移和远迁移单元。

（3）一旦你创设了这些单元，与其他教师借助一个伙伴互评协议（见附录A中的表A.5）。在接下来的几章中，我们将会添加这些单元。

（4）与教师或一组被试学生进行角色扮演，共同构建驱动性问题。在角色扮演之后，对共同构建过程进行反馈（例如，附录A中的表A.6的学习困境协议）。

（5）为一个单元的表层、深度和迁移水平的目标创设问题。一种方法是把成功标准看作是对每个复杂水平问题的答案。表2.14、表2.15提供了一些例子，供教师在创设自己的问题之前阅读。

表2.14　不同水平问题题干

表　层	深　度	迁　移
谁……？ 是什么……？ 如何做……？	为什么……？	应该是……？ 什么时候……？ 在哪里……？ 在多大程度上……？

表2.15　表层问题、深度问题及迁移问题

内容领域	表　层	深　度	近迁移	远迁移
公民和政府	• 我们如何对政府权力进行制约和监督？	• 为何我们要对政府权力进行制约和监督？	• 宪法试图以何种方式限制政府权力的滥用？ • 宪法限制政府权力滥用的尝试在哪些方面未能满足21世纪的需求？ • 政府对公民做什么应该有发言权吗？	• 特殊教育的权力和个人以及教育机构的责任应该在哪些地方加以限制？
文　学	• 怎样才算是一个好故事？ • 有影响力的作家如何吸引和留住读者？	• 为什么故事试图以不同的方式吸引读者的注意？ • 为什么伟大的故事会遵循循环模式？	• 在遵循常规模式的情况下，在多大程度上人们能创作出故事中独特的出彩部分？ • 故事应该继续遵循循环模式吗？ • 故事能在多大程度上揭示人类的境况？	• 我们应该用讲故事的方式让别人理解复杂的话题吗？
视觉艺术	• 这幅作品表达了什么形式的艺术品质？ • 艺术如何表达循环的主题？	• 为何人类要在艺术作品中表达人类境况？	• 这些艺术作品对谁产生了影响？	• 我们可以在哪些方面影响后代，使他们做出更好的决定？
科　学	• 构成我们饮食的关键生物分子是什么？ • 饮食如何影响我的生活？	• 为什么特定的生物分子会对我们的饮食产生积极或消极的影响？	• 关于饮食问题，我们能相信谁？	• 真理在多大程度上是一个稳定的实体？

续表

内容领域	表层	深度	近迁移	远迁移
数学	• 什么是加法运算？ • 如何相加？	• 为什么相同的量以不同的方式相加，结果总是相同的？	• 加法运算在多大程度上限制了我们理解世界的能力？	• 对于需要复合数据和有时数据减少的情况，应该在多大程度上采用加法？
体育	• 在个人以及团队比赛中什么是有效的进攻策略和防御策略？ • 我们如何使用进攻策略和防御策略？	• 进攻策略和防御策略之间的关键关系是什么？	• 在游戏中，合作和竞争在哪里同时发生？	• 什么时候应该使用竞争策略而非合作策略？

来源：改编自 McTighe & Wiggins，2013。

── 第三章 ──

在学习经验中引入变化：利用视角和困惑

> 我把20世纪50年代学校里那种过时的种族主义歧视带回家乡。当然，所有的墨西哥人都在说脏话，因为我同乡并不知道当地人仍然存在。这就是奥克兰山把我们和奥克兰分离的距离，那些山丘改变了时间。
>
> ——汤米·奥林奇（Tommy Orange）

迁移学习需要学习者在认知和情感上进行根本性改变。例如，在许多情况下，迁移学习需要人们理解他人的观点。我们如何以不同的方式看待世界、他人和自己，以及如何就新想法或旧想法的不同之处作出回应，这是迁移学习的主要组成部分。除此之外，探索问题的其他角度，考虑陈述性知识的替代方法，并在多种情境下发现相似性，这是迁移的重要组成部分。

但我们也必须考虑人们在解决问题时所面临的不可避免的变化。通常，当人们面临现实世界的问题时，事情遇阻，解决方案的材料不可用，或者难以控制的变化会使问题复杂化。从市场的变化到自然灾害和人为灾难，人们必须面对即将出现的变化。因此，迁移学习需要学习者巧妙地处理意外发生的事情。

迁移基本上是建立在变化之上的，本章重点介绍学生经历的变化和不稳定性，这种变化和不稳定性并不是表层与深度网络发展的典型部分。为学生提供机会，通过棱镜的视角看待世界，解决由于已知和未知力量的不断变化而产生的问题和情况，对支持学生发展迁移学习能力至关重要。

这些学生的经历产生了超越课堂的影响，他们体悟到超越自身视角的世界的真实性，以及人们在社会、社会环境和工作生活中实际面临的变化的现实意义。为了提高与学生学习的相关性，并能改变学生学习经历的更重要的方面，教师必须"创造视角"和"制造困惑"（create perspective and craft perplexity）。创造视角或看待一个主题的新方法，包括设计思想和信念的碰撞，这是教学实践的一部分。制造困惑是一种教学技术。在这种技术中，学生学习如何克服贯穿于任务内部和情境之间的变化。改变学生在任务方面的优势或期望，以及在教学单元的中间对情境进行调整，都会让学生和教师感到不舒服。然而，这是迁移水平任务的实质，也许是我们可以在课堂上应用的最真实感受。

表3.1说明了学生和教师创造视角和制造困惑的成功标准。本章提供了一个关于在课堂上融入这一水平变化的蓝图。

表3.1 学习经验变化的成功标准

学习经验的变化	学生遇到的变化	有效的教学策略
学生在学习过程中面临着各种各样的变化，以增强迁移学习和模拟现实世界的挑战	• 情境内外的其他视角 • 任务结构或任务期望 • 成功标准 • 情境	• 在迁移性任务中引入不同的观点 • 在一个单元学习内切换任务结构或提高任务期望 • 调整成功标准以包含对学生更细致或更复杂的期望 • 在成功标准范围内引入不同的工具和规则 • 在单元学习之前、期间或之后的现有情境中，合并新背景或新信息

准备变化

视角和困惑是学生发生变化的两个关键因素。因此，学生需要知道挑战他们的信仰、行为和背景等压力、挫折和情境，知道应对所需的步骤。正如第一章所讨论的，基于效率的定向、激活和协作方法能极大地帮助学生应对他们在从事迁移类任务时自然面临的变化。学生需要利用"突出重点"或"关注当下"的激活策略来有效地处理基于困惑和视角的情境，最终掌握激活技能。第四章将其概述为推动学生迁移学习的关键要素。

建构观点

为了加深表层知识和深度知识，并将其应用于不同的情况，学生需要建构与学习意图、成功标准和背景相关的许多不同观点。在数学课，学生需要了解算法的视觉表征；在英语语言艺术课，学生需要探索对手的动机；在历史课，学生需要探索在该学科的主流话语中被大量边缘化或被忽略的群体的观点。例如，在本章的题词中，汤米·奥林奇（Tommy Orange）写道，旧金山湾区的人对其他种族的既定信念和行为缺乏合理评估，因此延续了一套经受住时间考验的偏见与歧视。作为教师，我们的工作是挑战这些被接受的"真理"，正如学者斯蒂芬·布鲁克菲尔德（Stephen Brookfield，1986，p.125）所认为的那样："分析假设，挑战先前被接受的和内化的信念与价值观，并考虑替代行为的有效性。"

为了拓宽学生的视角，我建议教师采取以下行动：

- 精炼驱动性问题，引导学生从多种视角看待问题。
- 使用阅读、写作和口语交际任务，以确保能够听取各种不同声音。
- 使用特定的协议，以确保大家都能做到兼听则明。

精炼驱动性问题，引导学生从多种视角看待问题

假设你面临这个问题：谁定义了21世纪的英雄主义？你会如何处理这个问题呢？你会从自己定义英雄主义的经历开始吗？你会了解那些在政府或媒体上有权威的个人和团体吗？你会听来自边缘化群体的人的声音吗？

在一节课上，教师可能会用这个问题来探索不同的视角，首先让学生阅读两篇关于克里斯托弗·哥伦布（Cristoforo Colombo）到达美洲的文章——一篇是从探险家的角度，另一篇是从遇到探险家的当地人的角度。教师可能会问学生："探险家是居住在被探索地区的人的英雄吗？"这导致出现了一场强有力的对话，在学生回答"谁定义了21世纪的英雄主义？"这样的驱动性问题时用多种视角是很有必要的。让我们看一个例子。2017年夏天，我的一名哈佛毕业生和我的同事说，电子烟公司尤尔（Juul）正在哈佛商学院招聘，公司的市场营销和广告领域的招聘数量令人印象深刻，甚至觉得可怕。巧合的是，第二年，我读了一篇由希亚·托伦蒂诺（Jia Tolentino，2018）写的题为《电子烟的承诺与崛起》的文章。在文章中，托伦蒂诺认为，通过有效的市场营销，青少年已经接受了这种吸烟的新方式，并认为它取代了大烟草公司。他们也认为这种富含尼古丁的技术不会让人上瘾！想象一下一个棘手的问题，例如，我们是否应该只关注为员工和企业提供经济利益的活动，即使对社会产生负面影响也在所不惜？除了尤尔之外，我们还可以对国家和地方政府做出评估，考察如何平衡公民的安全和新冠肺炎大流行带来的经济成本。

让我们来看看几个例子：吸管对海洋动物的健康有极大危害，但大家想喝饮料时离不开吸管。地方政府应该在多大程度上对使用吸管开展监督呢？数学在学校里通常以标准算法的形式表示。但是，通过使用数组、图形、数字线、图表和限定数据能够让其他人以不同的方式查看数字，我们可以在工作的哪些方面更好地利用数学解释的多样性呢？

表3.2为多视角的驱动性问题标准。

表3.2 多视角的驱动性问题标准

建议的标准	描 述	示 例
能唤起多种视角的驱动性问题	唤起多种视角的驱动性问题要求学生倾听在主要文本、电影和其他媒体中很少听到的声音。这可能涉及寻求那些来自印第安人、非裔美国人、残疾人、妇女和其他群体等的观点	谁定义了英雄主义？ • 是谁制订了这些规则？ • "黑人人权运动"在多大程度上影响了保守社区的地方治理，以及历史的评估和不同类型文学产生的新方法？ • 社区可以在多大程度上解决偏见和道德许可的问题？ • 富人是否应该多交税来让他人获得利益，从而有更好的机会参与竞争？ • 在做出最终有利于自己传统的财政和社会权力的决定时，那些拥有经济或种族特权人的权力在哪些方面能够受到限制？
确保多个答案或对答案的多样解释的驱动性问题	唤起多种答案或方法的驱动性问题，让人们有机会认识和理解现实问题的复杂性	• 我们应该改变总统选举的方式吗？ • 谁最终应该对枪支暴力负责？ • 数学在哪些方面影响了我们对所关心观点的看法？

使用阅读、写作和口语交际任务，以确保能够听取各种不同声音

确保学生发展表层网络、深度网络和迁移网络的一种方法是让学生完成以阅读、写作和口语交际为基础的任务。此外，这些任务应包括多个视角。

一项阅读任务可能要求学生查看统计数据传达给受众的方式。教师向学生展示数字是如何通过不同的表现形式来影响和操纵他人的观点，学生将更好地了解情境中数字的力量。学生通过评估汽车和房屋贷款选项，使用统计数据来评估棒球运动员的表现，并确定投资各种能源的最佳选择，他们将看到不同的人和组织如何强调某些统计数据，或只是淡化或忽略其他基本信息。

美国人在做出阅读和观看新闻的选择时也可能有类似的逻辑，从微软全国广播公司到福克斯新闻，到Reddit新闻网站和Face book订阅，人们都在不断寻找重申其信仰和观点的信息。正如威克斯勒（Wexler，2019，p.75）所说，"当新信息与我们现有的信念不一致时，我们就会经历心理不适——我们通过拒绝这些信息来解决这个问题"。心理学家称这种倾向为"确认偏见"。在《情报陷阱》中，科学记者戴维·罗伯森（David Robson，2019）将"确认偏见"称为"我的偏见"，并写道，更聪明的人——那些拥有一套强大的表层和深度知识与技能的人并不比其他任何人更有可能考虑其他观点。

无论具体的课如何，教师都可以结合口语交际和写作任务来突出这些不同的观点。例如，在开始讨论某一事件之前，教师可以要求每位学生与另一个学生进行分享思考的活动。教师要求学生写下自己对该事件发生原因的最初想法和理解。接下来，学生与另一个新的合作伙伴搭档，分享各自的看法。教师可以在学习单元期间和之后重复这个练习。这使学生能够随着时间的推移，反思其关键的学习，以及评估不同观点的价值。

教师要为学生提供机会浏览一系列观点，找到共同的兴趣，密切关注相同和不同的价值观，考虑不同的提问方式，更好地了解他人以及他人对世界的解释和行动的方式。这样做学生能够更有效地解决与他人有关的问题。

表3.3展示了涉及多种视角的阅读、写作和口语交际任务。

表3.3 多视角阅读、写作和口语交际任务

任务类型	核心任务	关于少数声音的问题
阅读	• 表层：预览一段文章，突出关键思想。反思其他传达了一套不同的关键思想的段落 • 深度：在关于关系和原理的关键含义之处进行注释，凸显其意义 • 迁移：从不同的情境中找到利用类似含义和原理的其他文本	本文是否代表了在此时期、此问题或此创新中影响的人员群体？我们如何才能有更多的视角呢？
写作	• 表层：列出和描述关键思想 • 深度：提出一个论点陈述，以描述关键思想之间的关系 • 迁移：写一篇评论性文章	我们的写作在多大程度上代表和尊重他人的观点？
口语交际	• 表层：回顾关键思想 • 深度：论证支持或反对一段文章中提出的关键原理 • 迁移：分析指定段落中的关键原理和含义如何与新的情境相关联	我们的语言、修辞和说服他人的方法是否表述清楚了对他人的理解？我们给这个讨论带来了什么偏见？

使用特定的协议，以确保大家能做到兼听则明

强调视角的一个核心部分是教师确保课堂讨论包括所有学生的声音。一种方法是使用协议，使小组能够在讨论和做出决策时形成对话。正确的协议也可以提高反馈的有效性，让学生感到安全和受到尊重。表3.4分享了许多协议，以确保在讨论和决策中体现了多个视角。

表3.4 前瞻性相关协议

协议	描述	活动
挑战性假设	学生产生的假设，可能会影响他们自己的信仰和行为，以及他们正在学习的人的信仰和行为	学生： • 确定情况的关键决策或影响 • 确定谁受到决策的影响 • 进行头脑风暴，用于做出决策的关键假设和分析决策的影响 • 根据所产生的假设，分析决策的成功水平 • 制订潜在的解决方案，为参与或受决策影响的各方提供更好的解决办法
转换视角	学生参与探索受决策影响，有不同种族、政治、社会或经济地位的群体的观点，以倡导一种不同的解决方案	学生： • 确定不同利益相关者的关键决策或影响 • 透过种族、政治、社会和经济的因素来看待来自不同利益相关者的不同视角 • 进行头脑风暴，下一步创建成功的解决方案
提 炼	学生产生了一套解决方案，最有机会积极影响所有参与方的信念、态度和决策	学生： • 识别情况的关键决策或影响 • 识别受决策影响的人 • 进行头脑风暴，用来做出决策的关键假设和分析决策的影响 • 创建潜在的解决方案，分为四个部分：改进、不足、机会、新风险 • 专注于提高所有利益相关者生活的潜在解决方案 • 对他们提出的解决方案产生短期和长期的影响

制造困惑

尽管安德森·库珀（Anderson Cooper）[①]在2004年就已经很有名气了，但他发现自己在海地的报道很不稳定——他失去了自己惯用的资源，无法报道政变事件。和他一起乘坐巴士的军事人员告诉库珀和其他记者下车，离开这座城市。

库珀下了车，发现他的装备掉进了污水坑里。据报道，当其他新闻主播跳上越野车前往安全地点休息时，他留在巴士上。由于无处可去，库珀（2018）前往危险区，找到了附近的一家医院，他采访了当地市民，了解了政变的影响。

[①] 美国记者、新闻主播和作家（1957— ）。——译注

库珀因为缺乏可以让他远离危险的资源而受到限制。此外，随着情况的变化，他必须适应，不断地寻找新的故事和新的角度，发现以前无法获得的故事。他在职业生涯一开始就发挥了自己的创造力，当时他被迫制作假新闻通行证、在屋顶上睡觉、搭车——很可能让他比当时经验丰富的记者更接近行动（Cooper，2018）。新出现的约束条件和情况的不断变化是强大的激励因素，因为这需要我们思考如何解决问题，并以不同的方式思考。

学生需要在日常生活中克服这种困惑。复杂性是关于解决令人困惑和不舒服的情况，学生有很多时候会在课堂上遇到它——通过问题中出现的新挑战、新任务、新环境等。

以下两种策略旨在让学生能够处理困惑。

（1）更改任务。

（2）在单元之前、期间或之后引入新的情境。

更改任务

想象一个场景，学生在完成写作作业时，教师告诉他们现在必须进行两分钟口头概述。或者假设场景被翻转了，学生必须起草一份口头陈述的摘要。

让我们想象另一种情况。假设一个学生正在学习微生物学和免疫学，并通过一个生理学的案例研究来工作。她的工作是诊断一个患有特定疾病的病人，并制订一个治疗计划来评估预后的有效性。在几周的时间里，她检查了血样，发现病人患有细菌感染，并确定了治疗病人的最佳抗生素。然而，在演讲的前一天，她收到了一个通知，她收到的信息是不正确的，实验室的结果说明血液中的微生物是错误的。她现在只剩下一天时间了，必须重新开始。

再想象另外一种情况，一个学生正在撰写一段记叙文，成功标准为他以一个结束语作为结束。然而，教师告诉新的成功标准已经"解锁"或"打开"，现在学生必须以一个隐喻或扣人心弦的方式结束。也许就在同一天，这个学生来上物理课，并被教师告知不能忽视他正在学习的单元中的空气阻力因素。然后他又去上了经济学课，在一个投资单元中，他发现自己必须在迁移任务中回答房地产市场的变化，因为美联储提高了利率。最后，在数学课上，他必须用多种方式来表现他的数学理解力，以便向许多利益相关者群体传达一种默契——从不熟练的外行到数学专家。显然，这对这个特殊的学生来说是艰难的一天！

这些改变节奏的事情在学习中听起来不太可能出现，但确实反映了人们在日常生活中遇到的大大小小的挫折。更有趣的是，挫折迫使人们退后一步，确保他们的内外网络完好无损。学生必须关注学科中重要的知识，而不仅仅是为了完成一项任务。此外，这些变化为学生提供了一个更好的迁移机会，因为他们必须深入了解问题和情境之间彼此影响带来的结果。表3.5为教师提供了许多更改学生任务和活动的方法。

表3.5 更改任务的方法

更改任务	举 例
重新安排阅读、写作和口语交际任务	要求学生从口头陈述改为书面文件（反之亦然）
在问题中引入一个变量	让学生放弃对细菌感染的研究，而是检查真菌、原生生物或病毒感染
更新成功的标准	指导学生用隐喻或扣人心弦的方式代替结束语
调整工具和规则	要求学生结合视觉表征和数学作业的多种表现法

在单元之前、期间或之后引入新的情境

在第二章中，我们讨论了一个要求学生分析两个文本的迁移性问题。第一个是关于偷猎大象，第二个是关于海洋哺乳动物的救援和康复。想象一下，如果在迁移水平单元结束时，教师要求学生分析一个新的问题，例如，应对将雪貂引入新西兰所带来的挑战。在19世纪末，人们引进雪貂用来消灭农田中的兔子。然而，这种侵入性物种也导致了新西兰许多不会飞的鸟类迅速减少，包括鸮鹦鹉和几维鸟。教师可能会让学生重新评估他们提出的关于偷猎大象与海洋哺乳动物救援和康复的解决方案，并确定其解决方案是否适用于这种新情境。学生还会衡量在评估这种文本时，表层知识和深度知识中哪些是至关重要的。最后，为了引导学生考虑其他的视角，教师可以指导学生评估政府官员、农民、自然资源保护主义者和新西兰毛利人的观点。

情境的变化也可能在一个学习单元中发生。想象一下，一位教师正在指导学生了解如何制定和实施法律。此时，教师感兴趣的是为学生提供多个视角，以理解法律对人类的影响，以及某些群体对法律发展的影响。假设教师首先教学生关于联邦公民权利和投票权的核心内容。接下来，教师将学生分成四个小组，让每个小组探索一套关于社区法律实施或法律缺失的不同文章、视频和教科书段落。

在经过最初讨论之后，学生再组成新的小组，分享不同文本之间的相似之处，并形成从所有文本的交叉点发展起来的问题。然后学生小组提出自己的问题，班级一起为单元的其余部分选择一个驱动性问题。

在多种迁移情境下，可以对不同的文本进行比较，如图3.1中的维恩图所示。

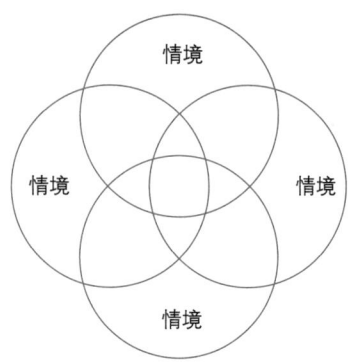

图3.1 多种迁移情境的直观图

也许在一个学习单元开始时，教师给学生提供了最近当地医院患者的病案。这些病案包含了学生必须了解的患者病情描述——关于症状和早期检测结果的信息，但没有诊断或预后分析。然后，教师指导学生确定他们在微生物学和免疫学领域需要知道的知识，以协助医生治疗疾病。当学生努力处理病案时，教师可能会增加一些疑难情境，提供来自医院的病情进展报告，要求学生改变自己的诊断和预后或交换学生的病案。在整个学习过程中，学生必须不断地寻求额外的表层知识和深度知识并运用在病案分析中。

表3.6展示了教师与学生可能参与的三种不同活动，以在多种环境中应用核心内容。事实上，教师有无数种方法可以在一个学习单元中引入新的场景和改变环境。

表3.6 基于文本的活动

文本活动	描 述	事 例
从特许权利到后果	在学生最初看了一个文本后，教师给他们一个全新的文本进行分析，并与其他语境进行比较	学生： • 在文本中解决问题（例如，撰写一篇关于学生是否应该穿校服的有说服力的文章） • 收到一个新问题（例如，撰写一篇有说服力的文章，说明学生是否能够选择自己的老师） • 反思文本和他们所学习的内容之间的相似之处
选择自己的冒险经历	教师在学生学习表层和深度知识时，给出多种背景进行选择和分析。在教学单元中，学生之间可以比较不同的场景和案例	学生： • 接受案例（例如，患有特定疾病的患者） • 与其他学生讨论案例，以确定背景和内容之间的异同

续表

文本活动	描 述	事 例
世界咖啡屋	教师给每个学生提供多种场景，并要求他们集体分享场景之间的相似之处；访问世界咖啡屋社区基金会（2015年，www.the world cafe.com）了解更多关于这种方法的信息（访问go Solution Tree.com/instruction直接链接到本书中提到的资源）	学生： • 接收一个或多个文本进行分析（例如，水污染和废物出口） • 确定他们用于分析情境的关键成功标准（基于内容的标准） • 参与一个世界咖啡屋协议，与他人分享自己的问题或解决方案

结 语

如果说表层网络和深度网络都属于平稳航行，迁移网络则是在波涛汹涌的水域奋进。当学生开始审视一个情况、主题或问题的范围时，视角是处理变化的关键要素之一。应对需要多视角的问题；有意识地将注意力集中于阅读、写作和谈论他人观点；利用结构化方法来讨论不同的观点，所有这些都使学生能够将广而深的知识应用到实际情况中。

此外，迁移网络需要学生将困惑作为解决问题的一个组成部分。学生困惑的主要驱动因素是一些变量——环境、任务期望和成功标准。因此，学生需要一套技能应用于学习，在个人层面上处理变化，并与他人接触。第四章和第五章阐述了教师如何引导学生做好准备。

反思性问题

以下问题旨在供你独立或组成小组解决，以确定你将在课堂上采取的后续步骤。当你回顾这些问题时，必须反思当前对学生使用的工具，以及发现当前信念和实践与我的建议之间的张力关系。教育工作者通常随身携带一套在某些情况下好用的工具。这章的内容可能对于那些在工具间拥有好用工具的教师较为熟悉。然而，那些带着一套适合办公室的工具的教师可能会觉得这一章颇有挑战性。无论你站在哪里，这都是一个为你整合新工具的机会。

（1）目前，你如何在单元设计和实施中引入不同的视角？

（2）目前，你如何在单元设计和实施中引入使学生困惑的内容？

（3）你如何确保学生切换视角和面对复杂性？

（4）这一章对你来说最有感触的是什么？

（5）当学生遇到学习过程中的变化时，你认为他们需要哪些技能？

后续行动

与反思性问题一样，请学生个体或作为一个团队来完成这些步骤，并确定你将在课堂上采取哪些行动。

（1）参加表3.7中的活动，然后向同事和学生介绍视角和困惑的关键要点。

表3.7 基于不同视角和复杂性的活动

活 动	描 述
视角：是不是涉及全球？	让学生找到关于特定想法、争议或当地人的看法和全球观点。接下来，让学生找出共同和不同观点的潜在原因。最后，问学生下一步应该采取哪些措施来发展对差异的共同理解，找出解决地方和全球问题的共同途径
困惑：创造下一个伟大的结果！	让学生勾勒一个新的情境，调查学习意图和成功标准。接下来，让学生在这种背景下面对人实际面临的潜在挑战。最后，让学生回顾自己的思维过程
困惑：水到渠成！	给学生挑战后，让他们考虑以下问题： • 你正面临着哪些挑战？ • 你需要做出什么改变？ • 你将如何开始这个过程？ • 你现在的感觉怎么样？ • 在面对挑战时，你接下来还将采取哪些措施来保持平静？
困惑：选择你自己的冒险经历	为学生提供多种场景或案例研究，并允许他们选择一个场景来做调查或研究

（2）在制作了第二章中的迁移单元（近迁移、近迁移至远迁移、远迁移）之后，请考虑添加视角和困惑的元素。

（3）返回并查看第二章的后续步骤，并确定是否要进行更改。

（4）与同事交换有关单元的反馈，以及额外的视角和困惑。例如，使用伙伴互评协议。

（5）与学生建立一个课前和课后的焦点小组，讨论在进行一系列涉及多视角研究的学习后，发生了什么变化。建议的问题包括：

a.采用1~5等级评价（5级是最有价值的），除了教科书、教师和你自己的观点外，还有哪些有价值的观点呢？

b.目前，你如何寻找其他观点？

c.当你听到或看到一个不同于你自己的观点时，这对你来说意味着什么？

d.当别人分享你从未听过的信息或你不同意的意见时，你使用什么策略来确保你倾听意见？

（6）与学生建立一个课前和课后的焦点小组，讨论他们在参与了一个涉及多种视角的学习单元后，如何看待和处理困惑。建议的问题包括：

a.1~5等级（1表示"我难以很好地应对突然挑战"，5表示"我可以很好地应对突然挑战"）评价，如何应对突然的挑战？你为什么要给自己那样的评价？你能给出自己如何处理学校内外的挑战的例子吗？

b.你使用哪些策略来有效应对所遇到的挑战？你还可以使用哪些策略？

（7）使用表3.8的检查表，将视角和困惑纳入学习单元进行个人核查，然后问自己这些问题：

a.考虑视角和困惑的复杂性，你在最初的学习单元中做了什么修改？

b.你认为这些变化会如何影响学生的经验和学习情况？

c.学生如何在课堂上参与多视角和困惑的体验呢？

表3.8 将视角和困惑纳入学习单元

项 目	任 务	草案初稿	修 订
视 角	• 细化驱动性问题，以唤起多种观点 • 使用阅读、写作和口语交际任务，以确保听到所有声音 • 使用特定的协议，以确保大家都能听到所有声音		
困 惑	• 可更改任务和标准的期望 • 改变情境		

— 第四章 —

让学生参与迁移水平学习

> 凯斯·杰瑞特（Keith Jarrett）搞得"一团糟"。但如果他会坦然面对，那就轰动了。
>
> ——蒂姆·哈福德（Tim Harford）

在演讲"沮丧如何让我们更有创意"时，蒂姆·哈福德（Tim Harford）（2015）讲述了钢琴家和作曲家凯斯·杰瑞特（Keith Jarrett）的故事。杰瑞特于1975年在德国科隆歌剧院演奏了一场爵士音乐会。当他在演出前几个小时到达音乐厅时，他发现这架钢琴不太理想：白色键不协调，感觉已经磨损了，会发出一种不寻常的声音；黑色键粘在一起；踏板失灵了；钢琴也太小，无法发出让所有观众能听到的声音。杰瑞特面对着哈福德所说的"一团糟"，最终呈现出了让许多人认为这是历史上最伟大的爵士音乐会。

当时，杰瑞特不得不调整他通常弹钢琴的方式，他比平时更用力地敲打琴键，他远离某些琴键，因为声音有点不对劲。他必须适应这些麻烦，努力打破自己以前的演奏方式，创造新的方式来传达作品。他在全体观众面前即兴创作了杰作，并完成了他迄今为止最美丽的作品。

无数的有创造力的例子产生于计划之外，很大程度上是由于人们遇到的意外和意想不到的事件。在《怀疑的礼物》一文中，马尔科姆·格拉德韦尔（Malcolm Gladwell，2013）讨论了孟加拉国的卡纳普里造纸厂，该造纸厂采用的原料是竹子。不幸的是，工厂开业时，发生了一件罕见的事件，竹子突然开花并死亡。死竹子不能用作纸浆，但工厂的经营者很快就找到了新的方法，创造了一个新的供应链。此外，他们发现了新的方法来识别和种植不同种类的竹子予以代替，他们发现了不同的植物使原材料多样化。

事实上，杰瑞特不想在科隆歌剧院举行音乐会，他一开始离开了，说自己不会演奏，但面对一个小女孩的恳求，他出于内疚被说服了。工厂的经营商并不希望创造不同的供应链和研究各种类型的原料，他们面临着一个不想面对的问题，并承担了责任，因为他们身不由己。

著名学者阿尔伯特·赫希曼（Albert Otto Hirschman，引自 Gladwell，2013）指出，创造力对我们来说总是一个惊喜，因此，我们不能指望它，在它发生之前我们不敢相信它。换句话说，我们不会有意识地从事那些显然需要创造力才能取得成功的任务。

对学生来说，学习有价值的创造力课程的唯一方法是提供工具和经验，使他们能够处理比最初想象的更复杂和更具挑战性的日常问题。在面临挑战的学习中使用激活技能，跨情境应用迁移技能，并使用真正的参与方法，学生将为未来的迁移工作做好充分准备。

本章将介绍迁移教学的关键领域，以及每个学生的关键成功标准，如表4.1所示。

表4.1　迁移性学习和教学的关键领域和成功标准

关键领域	学生成功标准	教师成功标准
跨问题比较：学生通过参与迁移性问题来发展迁移技能	学生通过以下方式应用其知识和技能，进行迁移性学习： • 创建类比问题 • 与相比较的任务和情境交互 • 生成和检验假设	包含迁移能力的有效教学策略： • 向学生展示类似的情况 • 提供工具、资源和指导，使学生能够识别问题中的和跨问题的模式 • 提供工具、资源和指导，使学生能够认识到问题的相似之处和不同之处 • 提供工具、资源和指导，使学生能够对问题采取行动
社区活动：学生通过他人的参与来解决有影响的问题	学生通过以下方式解决迁移水平问题： • 与社区、受众和专家一起解决问题 • 为迁移性问题生成解决方案	包含迁移能力的有效教学策略通过： • 创建需要学生从课堂及学校外的人和组织收集信息的情境 • 提供工具、资源和明确的指导，使学生能够分析课堂和学校外的信息 • 提供工具、资源和明确的指导，同课外和校外的人及其组织机构解决问题，以生成迁移性问题的解决方案

本章通过关注我们希望学生发展的以下三项关键技能来达到这些标准。

（1）激活：学生能够应对具备迁移任务的挑战性环境。

（2）应用：学生能够将学习从一个问题情境迁移到另一个问题情境。

（3）真实：学生能够在问题化情境中与人、场景和过程互动。

在本章中，我们将介绍每一个做法，以支持学生参与到迁移水平学习中。首先，我们将讨论激活对学生的重要性，这是第一章中讨论的一项技能，我们将在迁移领域重新讨论，并帮助学生做好心理准备，练习剩下的两种技能。接着，我们将研究学生所需的技能。在不同的问题内部和问题之间进行比较，这种应用程序的概念使学生能够在单一学科的不同概念之间建立联系，进而转变为在跨学科之间建立联系。最后，我们将介绍有关真实的技能——学生如何与课堂和学校背景之外的其他人接触，以及使用与解决现实问题的专家保持一致的策略。在最后一章，我们将探讨教师在课堂上创造的条件。

激活：学生能够应对具备迁移任务的挑战性环境

迁移学习可能会造成情感的消耗，这不一定是称心如意的，这与学生（和许多成年人）所熟悉的体验完全不同。虽然这项工作肯定很有趣，但在迁移性任务中失败的概率也不小。很多人可能会感到不安。正如著名经济学家约翰·梅纳德·凯恩斯（John Maynard Keynes，2018）所说，"俗话说得好：为了声誉，传统失败比非传统成功更好"。因此，学生必须要发展一套技能，让他们克服这种世俗偏见，为成功的旅程做好准备。他们必须利用激活技能在工具间里进行实验，并将这些来自其他学科的备件组装在一起。

赫希曼（Hirichman，引自Gladwell，2013）声称，人们"很容易承担并投入新任务，错误地认为其没有挑战——因为这项任务看起来比原来更简单、易于驾驭"。格拉德韦尔（Gladwell，2013）详细阐述道：企业家总是在冒险，但他有一种有用的错觉，认为自己的做法不是冒险，却不料深陷泥潭才开始发现真相——但现在回头已经太晚了，只好硬着头皮走下去。

赫希曼和格拉德韦尔的感叹为创造力和学习提供了很好的经验。我们是在具体的约束条件下做事的，这在很大程度上是计划外的和意想不到的。那么，我们如何为学生做好这样的准备呢？

我的建议是纳入常规规约，以发展学生使用基于激活的策略，这些策略有助于学生投入迁移活动中去。这些策略将使学生能够处理约束条件，特别是当学生面对第三章中讨论的多视角和复杂的情况时。让我们考察以下在迁移性层面具有影响力的学生激活策略。

- 处理信息和计划后续步骤；
- 给予和接收反馈；
- 通过行动进行反馈。

处理信息和计划后续步骤

当学生在学习迁移性知识和技能时，他们会分析和评估多种情境；努力解决一种或多种情境下的问题；经常与提供各种事实、想法和意见的人面对面交流；处理在迁移学习过程中出现的变化和挫折。学生需要制订一个解决问题的策略，有效地与同龄人或课堂外与他们有不同想法的人进行交流，同时区分事实与虚构以有效地解决问题，他们需要情感支持来处理现实情况下遇到的变化。附录C中的表C.1提供了一系列具体策略，以帮助学生处理信息并规划后续步骤。

给予和接收反馈

参与迁移学习的关键是学生获得成功和失败的信息。信息应有多个来源，包括教师、其他学生和外部受众（例如，与课堂进行视频会议的研究人员，或批改学生作业的专家）。然后，学生有义务评估反馈，并决定他们将使用什么信息，以及他们将直接抛弃或拒绝什么。附录C中的表C.2提供了一系列具体策略，以供学生提供和接收反馈。

通过行动进行反馈

处理变化和弹性发展的一个关键要素是通过适当的行动建立正确的心态。行为先于现实生活中的信念，学生需要关注他们在短期内可以采取的行动（Reeves，2013）。随着时间的推移，学生学习如何通过实际经验来发展某些信念，在这些经验中，具体的行动是需要认识和应对失败，看到不同的观点，并参与认知挑战。换句话说，作为一名教师，不要花太多时间纠缠于成长心态的好处；相反，要让学生关注与成长心态相关的行动（Dweck，2006），重在行动。通过你在课堂上构建的或依赖学生与现实世界互动的经验来教授一种成长心态。最后，你必须等学生有所感悟、有所体验后，才跟进指导，请他们做出反思，哪些进展顺利，哪些进展不那么顺利，以及当想要放慢脚步休息时该做些什么。一种成长心态是通过行动来培养出来的。因此，学生应该花更多的时间专注于后续行动。

我们需要学生在接受挑战后经常思考他们下一步会做什么。约书亚·马戈利斯和保罗·施笃兹（Joshua D. Margolis & Paul G. Stoltz，2010）等人的研究，指出了对一个问题的"反应定向"（response orientation）。马戈利斯和施笃兹描述了人们在面对一种情况时必须通过的四种视角：①控制；②影响；③广度；④持续时间（见表4.2）。那些采取反应定向方法的人专注于他们可以为改善当下情境而采取的办法，他们现在能有多大程度影响并改善这种情况，以及他们如何加强或限制局势发展及其持续时间。通常，那些立即采取行动的人也会努力采取积极的反应定向，而不是从原因定向来解决问题。这些人经过深思熟虑，他们花了更多的时间来定义和描述特定问题。显然，理解根本原因和反思具有挑战性情境是有帮助的，但深度反思的平衡应该等于或小于对问题做出的反应定向。

表4.2 从反思性原因定向思维转向主动性反应定向思维

视角	原因定向思维	反应定向思维
控制	这种不良事件是不可避免的吗，还是我可以阻止它呢？	我能（甚至可能）改善这种情境的哪些方面？
影响	是我引起了这一不良事件，还是来自外部原因？	我能对未来的事情产生什么样的积极影响呢？
广度	潜在的事件是特殊情况，还是普遍现象？	我如何控制情境的负面因素，并制造目前未见的积极因素？
持续时间	潜在的事件是持久的还是暂时的？	现在我该如何开始解决这个问题？

表4.2说明了原因定向思维和反应定向思维的学生在评估情境和计划适当行动的四个视角之间的关键差异。有关教师可以用来让学生反应和联系的一系列具体策略，请参见附录C中的表C.4。

应用：学生能够将学习从一个问题情境迁移到另一个问题情境

迁移的关键目标之一是让学生将表层知识和深度知识应用于学科内或跨学科的新问题。为了帮助学生发展这一技能，我们必须首先理解跨情境应用知识的经典例子。

20世纪80年代的一些研究说明了成年人试图把想法应用于语境中时所面临的挑战。例如，在一项研究中，研究人员玛丽·吉克和凯思·霍利约克（Mary L. Gick and Keith J. Holyoak，1980）要求参与者解决卡尔·邓克尔（Karl Duncker，1945）的放射问题。查看表4.3中的此问题，并尝试解决它。

表4.3　放射问题

问题情境
假设你是一名医生，一位患者胃里有恶性肿瘤。患者无法进行手术，但除非摧毁肿瘤，否则患者难以存活。有一种射线可以用来摧毁肿瘤。如果射线以足够高的强度同时到达肿瘤，肿瘤将被摧毁。不幸的是，在这种强度下，如果射线穿过肿瘤，健康组织也会被破坏。在较低的强度下，射线对健康组织无害，但对肿瘤也不起作用。 　　那么，什么样的手术既可以用射线破坏肿瘤，同时又避免破坏健康组织？

资料来源：Gick & Holyoak, 1980。

　　吉克和霍利约克（Gick & Holyoak, 1980）发现，如果你只是让人阅读"放射问题"，大约10%的人可以解决这个问题。然而，当遇到另一个问题时（参见表4.4中的指挥官问题），大约30%的人看到了问题之间的潜在模式，问题将迎刃而解。有趣的是，超过70%的人天生就没有看到这些问题之间的联系，因此无法解决这个问题（Gick & Holyoak, 1983）。

表4.4　指挥官问题

问题情境
一个小国由独裁者凭借强大的要塞对其进行统治。这个要塞位于国家的中部，周围都是农场和村庄。许多道路穿过乡村通向堡垒。一名叛变将军发誓要占领这个要塞。将军知道让整个军队进攻就会占领这个要塞。他把军队聚集在一条路的前面，准备发动全面的直接进攻。然而，将军随后得知，独裁者在每条道路上都埋下了地雷。地雷的设置可以让一小群士兵安全通过。独裁者需要调动军民和士兵进出要塞，然而，任何大部队出入都会引爆地雷。这不仅会炸毁道路，还会摧毁许多邻近的村庄。因此，我们似乎不可能占领这个要塞。然而，将军设计了一个简单的计划。他把一小群士兵安置在不同道路的前面，命令下达后，士兵沿着不同的道路行军到要塞，同时到达，从而推翻了独裁者。

资料来源：改编自Gick & Holyoak, 1980。

　　研究人员并没有就此止步。当给出第三个问题（见表4.5中的火灾问题）时，大约50%的人解决了这个问题（Gick & Holyoak, 1983）。

表4.5　火灾问题

问题情境
几年前，一名小镇消防队长见到木棚屋失火，担心如果不迅速扑灭，火势会蔓延到附近的房子。附近没有消防栓，但木棚屋紧挨着一个湖，所以有很多水。几十个邻居已经轮流用水桶向木棚屋泼水，但火势依然不减。消防队长叫停了，大家都很惊讶。他让邻居们先在桶里装满水，然后沿着木棚屋围成一圈，一齐数到三，大家同时将水泼出去。大火立刻被压下去了，不久就熄灭了。镇上给消防队长加薪，作为机敏处置的奖励。

资料来源：Epstein, 2019, 第105页。

正如爱泼斯坦（Epstein，2019）解释的那样，来自不同领域的类比使得能解决放射问题的人的比例增加了两倍，来自不同领域的两个类比提供了更大的思维空间。有趣的是，大多数人在使用这些类比之前似乎没有想到过。我们的大脑，在无数小时的聚焦表层和深度网络之后，仅仅局限于重复性问题和被控制的条件。我们要致力于跨领域思考，并利用类比来解决表层和深度网络之外的问题。

我们如何在课堂上调和这一挑战？吉克和霍利约克（Gick & Holyoak，1980，1983）提供了一个简单的解决方案：提供精细的建议，两个看似不同的故事其实是有联系的，也就是说，比较放射问题和指挥官问题的情境，将帮助人们回答这个问题。这样做时，80%的参与者能够看到各种故事和放射问题之间的关系。换句话说，通过轻轻一点拨，参与者通常能够发现问题的"内在结构"，而不是被情境所蒙蔽。挑战在于，当需要迁移水平思维时，教师并不总是有机会去提示学生。此外，即使学生意识到这种思维是必要的，也可能缺乏跨情境迁移学习的特定技能。

约翰·哈蒂和乔治·多诺霍（John Hattie & Gregory M. Donoghue，2016）发现，迁移学习本质上是学生能够发现两种或两种以上情况之间的差异性和相似性，并看到问题之间的模式。哈蒂和多诺霍（2016）检阅了包含大约1万3千名学生的文献样本后提出：为学生提供工具和有意指导，以识别不同问题的相似性、差异性和模式，这也许是迁移学习的最有效策略。表4.6显示了研究次数、人数和两种迁移水平策略对学生学习产生的效应量。请注意，0.40的效应量大约相当于一年的自然增长（Hattie，2009）。

表4.6　迁移策略的影响规模

迁移策略	研究次数	合计人数	效应量
异同点	51	13300	1.32
领悟新情况下的模式	6	13300	1.14

资料来源：改编自Hattie & Donoghue，2016。

鉴于以上讨论，请考虑以下优先推荐的发展迁移技能的应用策略。

（1）比较情境。

（2）创建类比问题。

当然，通过培养技能来检测情境之间的异同，或者看到新情境的模式，并不需要学生采取行动。工具间不仅是关于捣鼓打磨一些东西，还要有所创新。因此，我们需要有横向思考和付诸行动的策略。马扎诺（Marzano，2017）主张使用生成和检验假设作为理解各种情境并用这些知识做一些事情的核心策略。因此,我们将在迁移工具箱中添加生成和检验假设。

比较情境

开发情境网络的强大方法之一是比较问题情境。黛迪莉·根特纳(Dedre Gentner)和合作者(引自Willingham,2018)试图让学生将情境与两个难题共同的内在结构加以区分,从而提高迁移技能(取得了一些成果)。哈蒂和多诺霍(Hattie & Donoghue,2016)通过分析50多项研究来对成功进行量化,分析问题异同的效应量一年相当于两年以上的增长。正如吉克和霍利约克(Gick和Holyoak,1980,1983)的研究所示,让学生能够将情境从内容中分离出来,获得更强的迁移能力。此外,在第一章中,我们讨论了学习意图和成功标准的清晰性对任务和情境的价值。总而言之,清晰的力量对于学生跨复杂程度的学习成长至关重要(Hattie,2009)。思考比较问题的一种方法是关于发现差异的谜题,它需要人们在两个相似的图像之间找到一组差异。

我们来看看数学中经典的近迁移问题:十分熟悉的两列火车相向行驶问题,或者第二章图2.1中的第一个问题。假设我们有两列火车以不同的速度向各自出发的城市驶去,这两列火车什么时候相遇?它们相遇时离各自城市有多远?为了让学生能够迁移学习,我们会给他们第二个问题——图2.1中的第二个问题。两艘船离开不同的城市,以不同的速度相向行驶。这两艘船什么时候会相遇?它们相遇时离各自城市有多远?

学生评估这两种问题情境,然后确定问题之间的相似之处,就更有可能解决不止一个或两个问题,而是多个问题,在各种情境下迁移知识,应对自如。表4.7说明了这两个数学问题之间的异同。

表4.7 数学中两种情况的比较

比较项目	船舶状况与列车情况
相似处	• 需要相同的操作 • 距离/速度=时间 • 距离/时间=速度
差异处	• 情境(船舶/列车) • 速度单位(海里每小时/千米每小时) • 数量(速度、时间和距离的差异)

有多种方法可以支持学生发现差异或比较问题。这本书强调了三个方面：①跨情境视角分析；②始端事件；③范例比较。

跨情境视角分析

许多基于课堂的策略使学生能够看到问题之间的相似之处（见表4.8）。马扎诺（Marzano，1992）说明了以视角分析作为工具识别一个特定主题的力量。有关让学生分析不同观点的详细的逐步分析方法，详见附录B中的表B.5。在第三章中，我们讨论了将学生接触不同视角作为面对变化的一种手段的重要性。在这里，我们进一步要求学生运用策略分析多个情境中的观点，并从不同角度出发讨论其异同。

例如，让我们想象学生阅读菲奥娜·罗伯顿（Fiona Roberton，2013）的著作《两只野兽的故事》(*A Tale of Two Beasts*)。这本书呈现了两个故事，每个故事都是从不同的角度来叙述的。第一个是从一个小女孩的角度讲述的，她在树林里救出了一只奇怪的动物——一只松鼠，并把它安全地带回家。第二个故事是从松鼠的角度来讲述的，松鼠解释了一只奇怪的生物——一个小女孩——是如何带走它的。正如第三章所讨论的，改变视角对于支持学生从深度学习到迁移学习是令人难以置信的强大力量。这里的明显区别是为了向学生展现跨越多重情境中的多个视角——让他们考虑童话故事《三只小猪》中狼的视角，结合童话故事《绿野仙踪》分析电影《暗夜危情》，将亚伦·伯尔看作是音乐剧《汉密尔顿》中的主角而不是对手，比较格伦德尔（Grendel）和贝奥武夫（Beowulf），等等。

始端事件

让学生为迁移水平做准备的一种方法是在迁移水平的学习中设置一个单元。另一种方法是提供一个始端事件。始端事件是一个单元开始时的体验，学生确定驱动性问题，确定学习意图和成功标准，并共同创建回答驱动性问题所需的步骤。例如，在本章之前，我们讨论了如何在莫桑比克进行反偷猎工作，以及在美国马林县的海洋哺乳动物救援和康复挑战。想象一下，教师在这两种情况下启动学习单元。然后，教师向学生提供每种背景的新闻文章或研究，然后要求学生提出驱动性问题——例如，莫桑比克政府应该怎样保护国际旅游和国家利益的重要资源，同时平衡马普托及其周围的经济差异？接下来，教师可以要求学生确定学习意图、成功标准，以及他们需要如何解决驱动性问题。

表4.8展现了学生可以比较的可以识别的观点。

表4.8 比较情境和观点

比较项目	运动中的类固醇	波士顿茶党	角斗士的播客	伊朗冲突事件
情 境	一名游泳运动员被发现使用特定的类固醇来使受了伤需要手术的背部快速恢复。这名游泳运动员已被禁止参加夏季奥运会	最近的研究表明,那些参与波士顿茶党的人向港口扔茶不是出于政治原因,而是为了限制波士顿茶的供应,以增加他们的个人收入	亚伦·埃尔南德斯的有力叙述说明了橄榄球的暴力以及对球员和教练的压力	在伊朗冲突事件期间,美国公众主要从新闻和政府那里收到信息,表明美国正在做出合理和负责任的决定
关键问题	如果运动员正在恢复期间,他可否使用类固醇,还是这属于作弊?	波士顿茶党的参与者在多大程度上展示了政治冲突与纯粹的经济冲突?	美国橄榄球带来大量经济收入,且很流行,但是这种运动具有危险性,可能带来脑损伤。如何平衡这种关系?	当一个国家参战时,我们应该为一群人提供观点吗?
视角1	我愿意使用类固醇来恢复健康	我不认同这些发现,因为它们与其他信息来源相矛盾	玩家应该能够进行选择。他们应该知道风险,然后决定他们想做什么	我只对来自我国政府和我国国家新闻机构的信息感兴趣
视角2	我不愿使用类固醇来进行康复治疗	我对这些发现很赞同,因为这些信息来源可靠而有效	橄榄球应该被禁止	我对多个政府和其他国家新闻机构的信息很感兴趣
视角3	我对在体育运动中使用类固醇持中立态度	我还没有决定,我正在寻找更多的信息	我们应该维持现状。我们几乎无能为力,而且已经做过的是我们所能做的最好的事情	我还没有确定自己对何种信息与观点感兴趣

范例比较

如果我们退一步,把自己看作是K-12课堂里的学生,我们很可能同意,知道成功无疑是满足课堂教师期望的可靠方式。不可避免的挑战是,如果得到了成功的确切蓝图,我们将如何确保不是逐字逐句地复现示例,着重检查为什么会取得如此成功?

支持学生明白成功的实际属性的一种方法是在不同的情境下提供成功的不同范例,这样学生就容易把握成功的关键标准,不会被情境所困扰。例如,假设学生应该写一篇关于"栖息地"的科普文章。教师可以为学生提供多个成功的科普文章的例子。此外,这些成功的例子可能涵盖了一系列主题（例如，冰淇淋口味、校服和医疗保健改革）。

另一个选择是给学生不同水平的成绩期望，允许学生识别自己从最初起草到成品所经历的典型进步，这有助于学生更好地理解学习期望。学生可以与同伴互动，讨论怎样才算成功，对习作打分，以及讨论如何修改。

虽然习作样例可以在教学的任何时候使用，但在学习过程开始时使用更为有效。当教师预先提供样例时，学生可以从教学单元开始就了解成功的样例。此外，这让教师有机会来预先评估学生的表现，并共同构建对学生学习的期望，这有助于学生知道要学什么，知道如何评估自己的学习，知道教师会如何提供反馈和自己如何接受反馈。

创建类比问题

除了为学生提供多个比较情境外，让学生创建自己的"类比问题"（analogous problems)，可以有效地帮助学生看到问题内部和问题之间的模式，从而发展迁移网络。例如，心理学家利卡多·米内尔维诺等人（Ricardo A. Minervino, Valeria Olguin, Maximo Trench, 2017）发现，当研究对象被要求阅读"指挥官问题"，然后创建一个自己设计的类比问题时，比那些没有被要求创建类比问题的人更有可能解决"放射问题"。虽然对问题做出比较能最有效地支持检测情境差异，但创建类比问题使学生能够更好地识别问题内部和多问题之间的范式。

在米内尔维诺和他的同事（Minervino et al., 2017）的研究中，那些与最初的阶段创作更巧妙的类比——即指挥官所面临的问题——被证明是在解决"放射问题"方面最有效的。但是在有一种情境下创建一个类比来解决问题效果不大。在这项研究中，那些只考察一个情境（例如"指挥官问题"）进行类比的参与者并不比那些不看类比就比较两个情境的参与者做得更好（Minervino et al., 2017）。

因此，学生在创建类比之前，请他们在情境中比较不同的例子，对实现迁移显得很有必要。表4.9展示了参与者在回顾"指挥官问题"后产生的五个类比。

表4.9 来自"指挥官问题"的类比事例

类比事例
1.整个城镇都在计划抗议电价突然上涨，长期和整体的消费中断让该公司倾向于重新考虑价格上涨是否适当。然而，不用电将涉及对安全的威胁，以及冷藏食品的损失。
2.一名患者患有严重的感染，需要在不到一个小时内得到控制。如果将极端剂量的抗生素立即进入血液，可能得以控制。问题是，通过血管注射如此剂量的抗生素会不可逆转地损害身体。

续表

类比事例
3.一条裤子沾上了墨水,可以用足够浓度的含氯溶液去除墨水点。问题是,所需浓度的溶液也会漂白裤子的其他地方。 4.一辆汽车掉进了深坑里,即使用拖车有足够的力量吊起来,把拖车绳子固定在底盘的任何一个部分都可能会造成车子损伤。 5.一名潜水员被锁在沉船内,需要立即营救。一个由五个人组成的专业团队赶去营救,但是大家一起下水营救会招来鲨鱼。

资料来源:改编自Minervino等人,2017。

表4.10说明了四种策略,支持学生比较样本,并使他们能够看到跨情境的异同性以及跨情境的注意模式。有关每个策略的详细信息,请见附录C中的表C.5。

表4.10 创建类比问题的四种策略

策　略	说　明
句干类比	让学生为抽象的概念或想法创建句干类比
视觉类比	让学生创造其他的视觉方式来表达类比
隐　喻	指导学生进行比较
明　喻	邀请学生使用"喜欢"或"一样"对两个主题进行比较

生成和检验假设

除了比较情境和创建类比问题之外,生成和检验假设也是让学生学会迁移的有效策略。此时要求学生解释假设,检查猜测是否合乎逻辑,并得出结论。以下是教师在课堂上可能会问的三个典型问题的例子。

(1)除了使用原子弹之外,关于结束第二次世界大战的最好方法,你认为是什么?你将如何检验你的假设?

(2)如果你是第二次世界大战期间的美国总统,你怎样在不使用原子弹的情况下,迫使日本无条件投降呢?

(3)日本为什么要袭击珍珠港?一些人说,罗斯福总统故意激怒了日本人,另一些人则不同意。你的假设是什么?收集证据验证假设。

与迁移相关的问题包括以下三个例子。

(1)你关于结束第二次世界大战的假设在多大程度上适用于美国退出伊朗核协议的

决定？你将如何检验自己的假设？你的假设如何适用于人事或员工会议中的内部冲突？

（2）根据你与前一个列表中问题相关的假设，你将如何处理两家公司之间的合并，以保持强大的市场地位和品牌知名度？你会评估哪些条件来改变或维持假设？在这种情况下，你将如何检验自己的假设？

（3）根据你与前一个列表中的问题3相关的假设，你将如何检验假设是否适用于更现代的推论，即由于关于移民和多样性党派言论，枪支暴力正在升级？收集证实或反对你的假设的证据。

马扎诺（Marzano，2017）提供了以下问题供教师考虑：我会做些什么来帮助学生产生和检查有关新知识的假设？马扎诺等人（Robert J. Marzano, Debra J. Pickering & Jane E. Pollock, 2001）认为，有两个主要的途径来产生和检验假设：①演绎思维；②归纳思维。

据马扎诺和同事（2001）说，"演绎思维是使用一般规则进行预测的过程"（P.104）。例如，学生可能会假设他们在体育运动中应用某些规则，如那些禁止使用类固醇的规则，来检验在体育运动领域出现的新情况。归纳思维从情境的细节开始，并根据该领域内的信息，得出一个新的结论或一般规则。换句话说，"归纳思维……是基于我们所知道或呈现的信息得出新结论的过程"（Marzano et al., 2001, p.104~105）。例如，学生关注使用类固醇的特定案例，包括那些因使用类固醇而从伤病中恢复的人，而不是那些纯粹为了竞争优势而使用类固醇的人。学生根据这些案例形成假设，然后根据该领域的标准案例来验证假设（见表4.11）。

虽然不是一个详尽的清单，但表4.11中所描述的策略是坚实的基于研究的方法，可以最好地支持学生在相似性（即近迁移的情境中）和差异性（即远迁移的情境中）方面做出比较问题。这些策略可以帮助学生看到问题的范式，并运用表层和深度知识与技能透彻地解决问题。通常，这项工作需要有价值的反馈、持续调整课程，从表层思维、深度思维到迁移思维来回调整，以及从一个情境切换到另一个情境。培养学生这方面的能力需要提供高度的支持，让他们能够逐渐应对变化。

当然，迁移学习和迁移策略并不只存在于课堂中——实际上更多地存在于课堂之外的真实的人、真实的场景和真实的问题中。这导致了对迁移学习真实性的需求，在这个过程中，学生需要学习解决课堂外的真问题。

表4.11 生成和检验假设的策略

策　略	描　述
生成实践和行动理论的问题	学生遵循一步一步的过程（如下编号所示）来确定问题、创建假设并检验假设。学生在一个情境（或实践问题）中确定挑战。接下来，学生起草一个行动理论，要求他们创建假设，然后用"如果……，那么……"的陈述来表明一个假设（如果……）和假设的影响（那么……）。最后，要求学生检验行动理论。 1.描述一个需要注意的情境； 2.确定问题的类型； 3.集思广益，哪些想法和假设可能是有效的； 4.创建原型； 5.用原型来检验假设； 6.根据调查结果修正假设或原型
参与一个决策过程	学生确定一个解决问题或决策的过程，让他们能够检验自己的假设
提供理由、证据和限定条件来支持主张	学生使用研究结果来支持或反对假设
查明并纠正主张中的错误或局限	识别错误引证：要求学生在辩护或反对问题的某一方时，写出或找出错误的引证； 质疑无力的引证：要求学生写出或找出无用的引证。学生发现错误信息、检查与假设相关的逻辑谬误、统计局限和人身攻击
参与对解决方案的关键审查	学生将自己或小组的解题方法与其他学生或小组的解题方法进行比较
检验假设	•提供报告的模板与解释的范围 •提供句干来帮助学生完善解释 •鼓励使用音频或录像来解释假设和结论 •提供评估量规和样例 •邀请受众听取学生的假设或结论

真实：学生能够在问题化情境中与人、场景和过程互动

在音乐剧《汉密尔顿》中有一个片段，对手艾伦·伯尔（Aaron Burr）发现主人公亚历山大·汉密尔顿（Alexander Hamilton）有机会与詹姆斯·麦迪逊和托马斯·杰弗逊（James Madison & Thomas Jefferson）协商建立美国第一家联邦银行的政策。在整部音乐剧中，伯尔周旋自如地应对各种情况。他与危险保持安全距离，善于提高自己的社会、政治和

经济地位。汉密尔顿则恰恰相反，他冒着生命危险和利用全部资本为自己扬名立万，为形成一个新的国家做贡献。

在歌曲《The Room Where it Happens》(Miranda, 2015)中，汉密尔顿投降并同意伯尔的观点，即他必须做出妥协，确保联邦银行获批建立。有趣的是，伯尔一生都在观望，因此只能在谈判之外等待。他当然带来了合理的建议，但他没有机会参与商定美国开国的重要决定。他是一个评论家，他想要的是舞台上的喧嚣，而不是做出决定所需要的血汗和眼泪。

教师希望确保学生"置身其间"——他们能够参与并做出影响未来的决定。因此，学生需要在现场，而不是在场外，以建立和巩固迁移网络。为了让学生真正参与活动，教师必须确保学生与社区、受众和专家接触——或者与受这些任务影响的人一起完成现实生活的事情——以及在解决问题时加入迁移的策略，以便他们提出的解决方案具有高度的完整性。

与社区、受众和专家合作

在本章的应用程序部分中，我们讨论了学生比较情境、创建类比问题以及生成和检验假设的策略。在这节关于真实的讨论中，我们将关注如何与现实情境中的人使用同样的策略，学生必须能够从实验室过渡到现场。他们需要在一个或多个情境下与他人互动并影响他人。这包括：

- 与受问题影响的人和正在研究问题的人接触；
- 在情境中收集和使用证据来分析决策；
- 分享想法的效用和准备反馈；
- 从几个来源收集信息。

有无数种方法可以与课堂之外的人接触，包括实地考察、虚拟一对一会议、小组讨论和录音采访。在一次课上，我让学生采访从事蜜蜂保护的研究人员。学生设计了许多关于蜂群衰竭失调的问题，并将它们提交给世界各地的教授和生物学家。安排一个二年级的小组与谷歌的一个大团队举行一次虚拟会议，讨论公司使用谷歌地球来帮助政府、组织和公民应对物流挑战的途径。其他机会可能包括邀请小说家到课堂讨论作者如何组织、讲述一个故事；召集一个由护士和医生组成的小组，听取学生的建议并提供反馈；访问一个受国家征用权条例影响的社区；创建一个与弹道案件的精准法医技术相关的播客。在组织此类活动之前，你应该确认学校或地区与学校外人员接触的许可政策。通常，只要做一些书面准备工作，就可以让学生立即与专家和社区成员一起工作。

表4.12给出了帮助学生与社区、受众和专家接触的一些策略。

表4.12 接触社区、受众和专家的策略

策　略	描　述	事　例
访　谈	学生向个人和小组提出一组问题，以理解观点和问题	学生进入社区中心（教堂、当地餐馆或组织等），问与社区相关的问题（例如，枪支管制或节育），并写下或记录来自其他人的所有信息
展　示	学生通过口头汇报来提供项目进度解决方案	学生向社区领袖、专业人士、同伴和教师展示他们的发现
讲故事	学生利用轶事、隐喻和类比，将关键问题和主题与现实故事联系起来	学生讲述一个关于受访者的故事，以强化关键主张
同理心协议	学生通过特定的程序来理解别人的观点	学生会问一系列问题，以了解课堂外的人的观点（例如，受特定问题影响的个人或在特定领域有专业知识的人的观点）

在解决问题时纳入迁移策略

学生需要一个过程，使用从他人那里收集的信息来创建一个可行的解决方案，同时不陷入表层和深度网络固有的偏见（见表4.13）。学生做出的决定与从事迁移工作的专家做出的决定相似，并对那些受问题情境影响的人有用。通常，学生默认使用常规的解决问题的思维，这依赖于他们的表层和深度知识，而不是所需的横向迁移水平的思维。这不仅对新手来说是如此，专家也有这方面的困惑。研究人员佩罗德·多明戈斯（Pedro Domingos，引自Epstein，2019，p.179）写道："知识是一把双刃剑。它允许你做一些事情，但也会让你对其他你可以做的事情视而不见。"心理学教授维克多·奥塔蒂（Victor Ottati，引自Robson，2019，p.71）称这种对表层和深度知识的短视关注是"僵化教条的东西"，它限制专家广泛的视野，只盯牢深度的不透明成分。也就是说，他们对这个问题的看法很狭隘，而且缺乏跨情境进行广泛思考的能力。一项又一项的研究表明，即使人们在不同学科中拥有核心知识和技能，也无法跨学科迁移学习，因为他们无法进行比较（Epstein，2019）。

表 4.13 解决问题方法的比较

解决问题的表层和深度方法	解决问题的迁移方法
重点关注一种情境的内部细节	关注情境之间的相似之处
当出现提示时，只查看与当前情况密切相关的比较情境	看看可能与当前情境有遥远关系的比较情境
对情境的理解过于自信，并在这种情境下依赖直觉和专业知识	使用探究来检验你对一个情境的理解和假设
确定解决方案，并稍后评估该问题	提出解决方案之前，先从问题类型开始，在选择解决方案之前查看一组解决方案
与组内其他专家一起苦思冥想	与专业领域以外的其他人接触

例如，在20世纪80年代初，保罗·纳特（Paul Nutt，2002）对美国70多个不同组织的现实生活中的决策方法进行了分类。在纳特研究的案例中，只有15%的组织从该组织提出的原始解决方案中找到一种替代方案。更令人惊讶的是，只有29%的人认为这是一种除了是或否之外的其他选择。也就是说，71%的组织从未权衡过其长期决策的第三种选择（Nutt，2002）。那些不涉及横向思维的决策过程会导致产品有瑕疵、缺乏创意以及客户和社区的不满。

让我们来看看另一个例子。两组斯坦福大学的学生面对一个场景，他们必须找到一个适当的回应，以支持一个受到极权主义邻居威胁的虚构的民主国家。一组学生收到了以下信息：总统最初来自纽约，有难民开着车，学生将在丘吉尔大厅见面。第二组被告知，总统最初来自得克萨斯州，与詹姆斯同一个州，难民都在船上（Epstein，2019，p.107）。

有趣的是，第一组说，最好的办法是发动战争，第二组则认为，外交解决是最适当的。这两组人都被情境信息所拖累。第一组只想到第二次世界大战，第二组只想到越南。如果两个组织能够摆脱具体情境的束缚，分析不同的商业企业（例如，潜在的垄断），观察不同的战争（例如，越南战争、第二次世界大战和伊拉克战争），研究动物行为（如共栖、共生、寄生），然后再来确定一个解决方案，那会怎样呢？

从我们常规和一致的默认思维模式过渡到实际生活中所需的迁移水平以及思维定义不清的问题，学生需要新的思维方式。因循守旧只是知识容量的机械增加，迁移则包括撬动好奇心。当你既有了知识又能进行探究时,你就会发现有意义的创新带来的幸福感。也许当我们离开常规的世界时,我们发现自己遇到了反直觉、拖延和沮丧的世界。但这些经验不仅是学习的必要条件,也是迁移水平的知识和技能发展的必要条件。

要做到这一点,学生必须确定解决问题或决策的方法,以更好地理解问题。确定一个解决方案的标准,起草潜在的解决方案,选择一个解决方案,并实施和检查解决方案。此外,学生需要参与例行程序,能够识别可能在其他情境下有效的解决方案,修改现有的问题解决方案,或者发明一个全新的解决方案。因此,学生需要练习迁移和调整想法(见表4.14)。下一章将介绍解决问题的过程,但学生必须首先制订解决问题的策略,这是表4.14突出的内容。

表4.14 在解决问题时纳入迁移策略

策略	描述	事例
调研和探究任务	学生查看其他研究人员、企业和非营利实体的解决问题和决策过程。接下来,运用其中一个过程予以试验,然后将该过程与其他过程进行比较	要求学生利用斯坦福大学设计学院的设计思维过程来解决一个问题(Hasso Plattner Institute of Design at Stanford University, 2020)。接下来,让学生将这个过程以及结果与整体质量管理进行比较(George, Rowlands, Price & Maxey, 2005; Liker, 2004)。然后,学生反思结果的差异和潜在变化
提出第三种方案	学生确定问题的解决方案,然后提出他们所确定的一种或两种解决方案的第三种或替代解决方案。接下来,学生与其他人讨论为什么他们坚持或改变了最初的决定。通常在这个过程中,学生对情境的假设会发生变化——新的利益相关者、新的变量、新的情境——并且必须确定哪种选项能最有效地应对这些挑战。这个压力测试可以让学生确定最好的解决方案,以及第三种选择是否为最好的解决方案	让学生在一个学生和工作人员面前提出两个问题的解决方案。小组立即要求学生起草符合成功标准、符合利益相关者期望的第三种选项。接下来,该小组要求学生确定这些解决方案是否可以或将跨越其他情境。然后小组给学生一系列假设的场景,要求他们评估自己选择的结果。最后,学生展示并捍卫或反对提出的解决方案

续表

策略	描述	事例
搜索分享兴趣的路径	学生需要与彼此立场完全相反的利益相关者接触。他们必须分析其他双方都有类似的情境，以及决议是如何产生或失败的。然后，学生必须通过识别与共同利益一致的解决方案，制订最有效地满足双方的解决方案	学生围绕一个类比问题与来自两个或多个团体的利益相关者接触。要求每个群体确定所有群体都同意或者有分歧的主张。学生继续参与这一过程，直到所有小组都进行了交流。接下来，学生创建一个共同有兴趣的大纲，并确定潜在的解决方案，以满足各方的期望。最后，学生会收到来自各方的反馈
未来的预测	学生预测一个理想的未来，并讨论他们需要采取什么步骤来满足这些期望	学生提出了一系列解决方案和步骤，有可能会达到理想的结果。学生制订这些解决方案将发挥作用，并评估生成的解决方案，以达到理想的结果
臭鼬工厂（skunk works）	学生会得到当前的问题和当前的解决方案，然后被要求找到不同的问题和不同的解决方案	臭鼬工厂最初是洛克希德·马丁（Lockheed Martin）公司的一个部门名称，它指的是一个小组的创新事业，该部门在组织的正常研发渠道之外运作。在课堂上，学生根据学习意图和成功的标准，确定潜在的问题，并为这些问题创造解决方案
红队	所拟协议旨在特别强调检验学生或学生对问题的解决方案。由一个或多个学生向一小群人提供问题情境和解决方案，然后找到为什么多种解决方案无效以及需要做出哪些改变	让学生向被称为红队的一小组学生展示其解决方案。然后红队对解决方案提供反馈

结　语

要为迁移做准备，学生需要调控模糊和应对挫折（激活），运用知识与技能明白和理解问题（应用）之间的关系，并与现实生活中其他人交流（真实）。这与办公室一贯的日常行为相去甚远。工具间要求学生放弃他们熟悉的一致性工具——停止过度专注于一个领域，只依赖教师的信息。在下一章中，我们将探讨使迁移学习展开的具体理想课堂条件。

反思性问题

以下问题旨在供你单独或组成团队解决，以确定你将在课堂上采取后续步骤。当你回顾这些问题时，必须反思当前对学生使用的工具，以及发现当前信念和实践与我的建议之间的张力。教育工作者通常随身携带一套在某些情境下十分好用的工具。本章的内容可能对那些拥有在工具间使用工具的教师来说略微熟悉；对那些带着一套适合办公室工具的教师来说可能会具有挑战性。无论你站在哪里，这都是一个你整合新工具的机会。

为迁移而教的要素——激活、应用和真实——是不是最可行的？为什么这些步骤可行？接下来你将采取哪些步骤？

（1）激活。

a.处理信息和计划后续步骤；

b.给予和接收反馈；

c.通过行动进行反馈。

（2）应用。

a.比较情境；

b.创建类比问题；

c.生成和检验假设。

（3）真实。

a.与社区、受众和专家合作；

b.在解决问题时纳入迁移策略；

迁移教学的哪些内容对你与学生来说是最具挑战性的？为什么？接下来你将采取哪些步骤？

后续行动

与反思性问题一样，请单独或作为一个团队来完成这些步骤，并确定你将在课堂上采取哪些行动。

（1）与年级或部门团队创设"指挥官问题"场景。首先，向教师提出指挥官的问题，要求他们创建类比，并相互分享彼此的类比。接下来，让教师归纳出每个类比的核心信息或重复部分。然后，给教师一个"放射问题"，并要求他们根据自己所知道的情境来解决这个问题。让学生讨论"指挥官问题"和"放射问题"之间的相似点，教师解释类比如何帮助他们看到这两个问题的共同模式，以及如何支持迁移学习。最后，让教师通过头脑风暴来对学生使用同样的过程。

（2）让教师回顾表4.13和表4.14中的策略，以确定他们将在自己的课堂或部门会议中尝试策略。实施后，教师反思与他人接触的关键学习过程，扩大解决问题和决策的途径。

（3）起草多个类似的学生参与的情况。教师应该引导学生看到问题之间的相似之处，并识别不同问题的共同范式。

（4）确定学生将在下一个学习单元中所使用的激活、应用和真实策略。

（5）为学生提供与外部受众接触的资源，以更好地理解和解决现实生活中的问题。

― 第五章 ―

将迁移融入教学实践中

> 整体性不是通过切片式操作来实现的,而是通过整合对立的东西来凸显的。
>
> ——卡尔·荣格(Carl Jung)

记者利安娜·西敏施特罗姆（Liana Simstrom，2019）表示，我们可以从蚱蜢身上学到很多东西，它们会根据自身所面临的情况调整行为。在正常情况下，它们很容易受惊，而且会远离其他蚱蜢。然而，当资源稀缺时，它们就会联合起来，其行为会因为处境而改变。人类很难相信这一发现。从研究者迈克尔·安斯蒂（Michael Anstey）的观点来看（引自Simstrom，2019），这是因为我们无法相信自己或他人的行为会在不同的情况下发生变化。

我们倾向于相信自己不会改变，无论面临什么，我们都是墨守成规——这对商界、教育界和社会上的人产生了无数影响。物理学家萨菲·巴考尔（Safi Bahcall，2019）曾阐述过经典二分法：有些人是艺术家，他们会想出新花样（如制作第一部特许电影）；有些人是士兵，他们因循艺术家的讨论（如创作电影续集）。艺术家、梦想家和发明家，致力于在迁移学习的世界中遨游；执行命令和完善过程的士兵，则停留在表层和深度学习的天地里享乐。

正如我们在本书中所讨论的，学生必须发展表层学习和深度学习，并能迁移知识和技能。有时候，学生要像士兵一样，执行程序与遵循常规等。但这适用于问题已明确定义，被广泛理解，并且很容易得以复现的情境。然而，当问题不明确时，学生必须更像艺术家一样，探索学科的边界，寻求新的过程等。有时候学生在课堂里就可以完成例行任务，但有时候他们必须摆脱常规，为表层学习、深度学习和迁移学习三者的融合做好准备。我们必须像蚱蜢一样灵活，根据我们面临的挑战和机遇改变方法。

理解发展的情境性和利用复杂性水平的一种方法是厘清我们试图在情境中回答的问题类型。丹尼尔·威林厄姆（Daniel Willingham，2009）提醒我们，应该把需要学习的材料看作是核心问题的回答。作为教师，我们的工作是花必要的时间向学生解释问题。每一种水平的复杂性主要是为了回答与学习目标相关的特定问题(表5.1)。例如,表层学习知识和技能通常是基于事实"是什么"的问题和程序性"如何做"的问题;深度水平的知识和技能通常与"为什么"的问题相关联。当然,迁移水平的知识和技能是与要求我们在不同情境下应用所学知识的问题相联系的。

表5.1 表层、深度和迁移水平学习设问提示

表　层	深　度	迁　移
谁……? 什么……? 怎么样……?	为什么……?	应该是什么……? 什么时候……? 什么地方……? 到什么程度……?

在导论中,我将"精准"(rigor)定义为表层、深度和迁移水平学习的同等张力和彼此整合。这些学习水平的整合对于学生在校内和校外取得成功至关重要。随着时间的推移,学生必须具有灵活性和流动性,在表层学习、深度学习和迁移学习的连续统一体上来回切换,以解决各种问题。为了开始这一结合所有复杂水平的过程,学生通常从理解某一学习领域的知识和技能开始,逐渐将该材料与其他复杂水平的材料结合起来(表5.2)。理解的第一水平是孤立理解某个领域。例如,一个学生可能理解气候变化会影响动物,并希望为当地社区创建一个提案来应对这些挑战。他认为政府政策和环境科学之间有着广泛的联系,但缺乏这两个学科的表层或深度知识。然而,当他作为学生上课时,他开始将迁移水平思维与温室气体、温室效应和政策发展联系起来。在这一点上,他将表层水平和迁移水平的知识与技能进行了连接。这些是第二水平的理解。久而久之,他对环境科学、政府机制和经济学的基本原理有了更深的理解。最终,他通过竞选学生会和游说学校董事会为学校寻求可再生资源采取行动。这是第三水平。此时他提出了一个综合方法来处理所有水平的复杂性,说明自己、学校董事会和社区在全球变暖问题上的责任。他展示了一定程度的认知灵活性或敏捷性,在表层、深度和迁移知识与技能之间来回切换。

表5.2 表层学习、深度学习和迁移学习的三种水平

水平1：孤立理解	水平2：连接理解	水平3：整合理解
表层 ↕ 深度 ↕ 迁移	表层 ↔ 深度 深度 ↔ 迁移 迁移 ↔ 表层	表层 ↕↕ 深度　迁移 深度 ↕↕ 迁移　表层 迁移 ↕↕ 表层　深度
我已经在一个复杂水平上实现了理解或掌握技能	我已经把理解和技能连接在两个关键的复杂水平上	我已经将理解或技能整合到所有三个复杂水平上

作为一名教师，最大的挑战之一是在课堂上支持每一个学生满足表层、深度和迁移水平的期望。图5.1说明了学生在课堂上可能遇到的与他们的理解水平相关的经验类型。

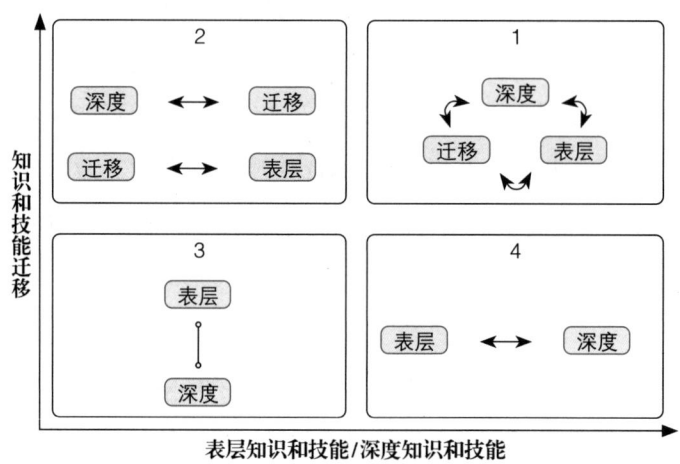

图5.1 所有复杂水平的集成矩阵

根据图5.1中的四个模块，基于学生的表层、深度和迁移的知识水平，学生可能会在课堂上面临至少四种不同类型的经验。表5.3描述了教师在每种情境下所扮演的角色。

表5.3　模块描述

模　块	教师角色与职责
1．整合表层、深度与迁移 学生将在学科内和学科间应用核心内容知识和技能，并利用基于效能的杠杆策略解决学科内和学科间的问题	• 利用策略培养学生在迁移阶段参与激活、应用和真实活动的能力 • 引入一系列视角变化，并在学习过程中质疑问难 • 将表层学习和深度学习的学习意图和成功标准与迁移学习的成功标准相结合 • 实际施教和评估学生的成绩，以达到迁移成功标准 • 与学生共同构建成功标准，在多个情境中使用多个成功案例 • 确保每一节课在教学、反馈和学习策略与复杂水平上保持一致 • 将基于效能的策略融入课堂教学
2．将迁移知能与表层知能、深度知能进行连接 学生将在迁移阶段发展一套技能，并开始寻找在一个或多个学科中使用这些技能的方法	• 教授迁移技能：激活、应用和真实 • 为学生建立与表层知能和深度知能相关的迁移水平成功标准的模型
3．表层学习和深度学习脱节 学生将在一个学科的一种复杂性水平上发展知识和技能	• 提供表层学习或深度学习的教学、反馈和学习策略 • 基于效能的策略，在一个复杂性水平上支持学生 • 将学习意图和成功标准整合到复杂的表层水平或深度水平 • 实际施教和评估学生在一个复杂性水平上的表现
4．连接表层知能和深度知能 学生将一门学科的表层知能和深度知能联系起来	• 确保实际上课的时候做到教学、反馈和学习策略与表层和深度水平的知识与技能保持一致 • 将基于效能的策略融入课堂教学 • 将学习意图和成功标准整合到表层水平和深度水平

随着时间的推移，为帮助学生充分整合表层、深度和迁移的知识与技能，请遵循以下步骤。

（1）对课程标准的核心内容做出排序。

（2）为学生选择一条应对三种复杂性水平的途径。

（3）评估实践，确保整合了所有复杂性水平。

（4）合作监控教学效果，并建构创新的学习单元。

对课程标准的核心内容做出排序

考虑教师要在规定时间内完成课程标准的要求，以及日常教学安排的限制，他们不可能总是让学生参与模块1的学习，专业人士也不总是从事这种水平的工作。学生需要平衡，寻找机会进入模块4，这比搞清楚他们如何能一直做模块1的工作更重要。此外，并不是所有的课程标准都要求将表层、深度和迁移学习充分结合起来。某些标准要求在所有复杂性水平上有意识予以关注，其他标准则只要求粗略的知识水平。塔米·赫夫尔鲍尔等人（Tammy Heflebower, Jan K. Hoegh & Philip B. Warrick, 2014）认为，开始对课程标准的核心内容做出排序这一过程的一种方法是评估你当前的标准，并确定符合以下五个要求。

（1）持久性：在一个课时或一门课程之后能够持续的知识和技能。

（2）杠杆作用：知识和技能能够跨越或交叉到许多领域的学习。

（3）准备度：对后续内容或课程很重要的知识和技能。

（4）教师判断：熟悉有关学科内容的知识，以及识别哪些内容重要哪些不太重要的能力。

（5）评估：对学生学习内容做出评估。

满足以上这些标准的要求是教师应该用来确保学生整合所有复杂性水平。

在对课程标准的核心内容做出排序时需要注意的一点是，要有大量的陈述性知识，这些学习结果是你优先考虑学生要获得的。陈述性知识是指事实、原理、概念和词汇等信息性知识。陈述性知识的一个例子是学生理解数学中的"位值"。相反，程序性知识是与规则、套路等技能和策略相关的知识（Marzano, 2009）。例如，你计算三位数加法时会用"进位"，这是程序性知识。

我们在研究中看到的一个问题是，教育工作者往往高估技能，而不重视核心内容知识。正如威林厄姆（Willingham, 2009, p.19）所说的事实知识必须先于技能。简单地说就是，没有核心知识，学生无法运用关键技能，如与批判性思维、分析和综合信息相关的技能。当你对某事一无所知的时候，很难对它进行批判性思考。建议教师要采取的一种方法是强调满足上述所有复杂水平要求的核心的陈述性知识标准。然后，教师可以花时间构建学习单元，确保学生体验表层、深度和迁移学习。下一步，教师可以回过头来确定在各种复杂水平上都是必要的、关键的程序性知识标准。

一旦确定了学生的关键学习序列结果，教师就应该计划对学生学习的复杂程度进行"排序"。

为学生选择一条应对三种复杂性水平的途径

有趣的是，教师可以通过多种途径帮助学生达到表层、深度和迁移水平的目标。在本书中，我将介绍三种可能的顺序。在你开始深入探究时请记住两件事：①所有复杂性水平都同样重要；②根据学生的原有知识设置复杂性每个水平的难度。

表层学习、深度学习和迁移学习不一定是"连续"（sequential）的。正如我们从前面的章节中已经了解的，教师可以从一个始端事件开始，并在单元的第一次授课时提出一个迁移水平问题。例如，教师可以给幼儿园孩子展示一个稍微拉伸的弹簧狗，他可以在旁边放一个以10为基数的积木来做比较。然后，他可以问孩子"我们怎样测量弹簧狗的长度呢？"，这将使课堂进入表层和深度教学。然后，他将教授计数的基础知识（即表层和深度的学习）。最后，孩子会回到这个弹簧狗的问题，做出估计和讨论并努力加以解答，并有可能进阶到后续一个问题"这张图片中的蛇有多长？"，这是一个问题化教学的途径，因为它开始于一个迁移水平的问题或预先提出了一个挑战性问题，不是从计数教学的表层学习开始的。

表5.4说明了整合复杂性水平的三种建议途径。这些途径分为以下三个阶段：

第1阶段，切入：学生开始按照先后顺序学习所有复杂性水平的知识。
第2阶段，连接：学生将知识和技能在两种复杂性水平上联系起来。
第3阶段，整合：学生解决迁移水平问题，将表层知能和深度知能相结合。

表5.4 复杂程度的可视化框架

路径	第1阶段：切入	第2阶段：连接	第3阶段：整合
传统路径	表层	表层 ⟷ 深度	表层 / 深度 / 迁移

续表

概念路径	深度	表层 ↔ 深度 -------- 深度 ↔ 迁移	深度 ↕ 迁移 ↔ 表层
问题化路径	迁移	深度 ↔ 迁移 -------- 迁移 ↔ 表层	迁移 ↕ 表层 ↔ 深度

在"传统路径"(traditional pathway)中,学生切入的是表层学习,然后随着时间的推移,学生继续进行深度和迁移学习(图5.2)。在这一途径中,学生通常通过回答"是什么"和"如何做"的问题来启动学习序列。久而久之,学生在复杂性深度水平和迁移水平上解决问题。"概念路径"(conceptual pathway)从学生的深度水平学习开始,然后教师引导他们进行表层学习和迁移学习(图5.3)。最后,"问题化路径"(problem-based pathway)从复杂性水平的迁移学习开始,教师引导学生进入深度学习和表层学习(图5.4)。值得注意的是,图5.2~5.4呈现了比较线性刻板的路径,但实际应用的路径更为灵活多变,因为学生在不同的学习阶段可能需要其他水平的额外支持。

"概念路径"从学生评估特定学科的目的、关系和原理开始。学习序列从深度学习开始,然后是表层学习和迁移学习,不一定按顺序进行。一般来说,学生在概念层面上解决的问题是"为什么"。例如,毕加索"为什么"创作了《格尔尼卡》?

"问题化路径"始于迁移层面。教师向学生呈现一个具有挑战性的问题,通常是在询问一组概念、技能和一般原理"什么时候""什么地方"的情境或跨情境中应用。在整个单元学习过程中,学生要学习回答迁移水平问题所需的表层知识和深度知识。

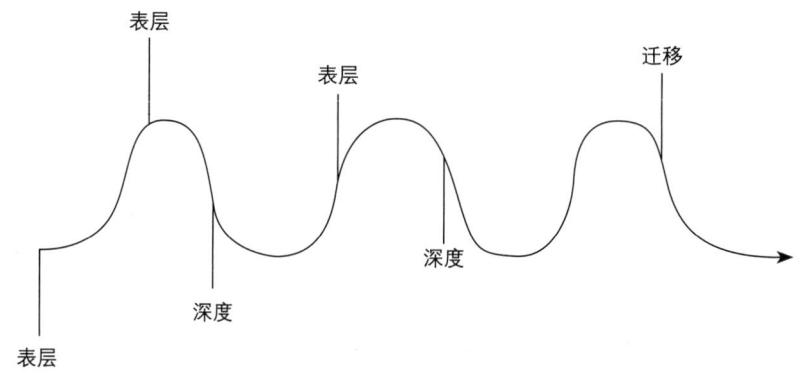

图5.2 传统路径

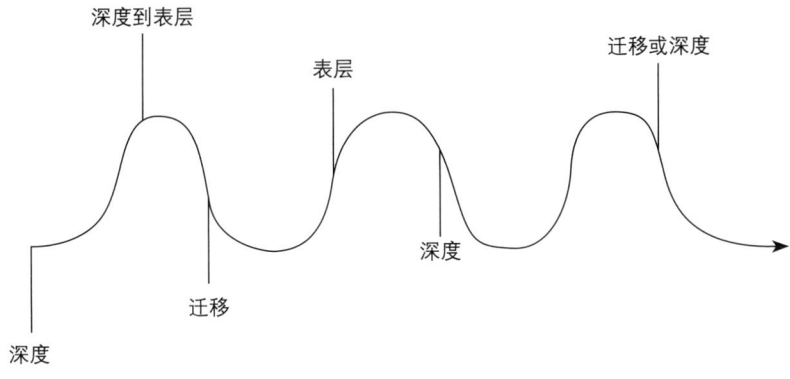

图5.3 概念路径

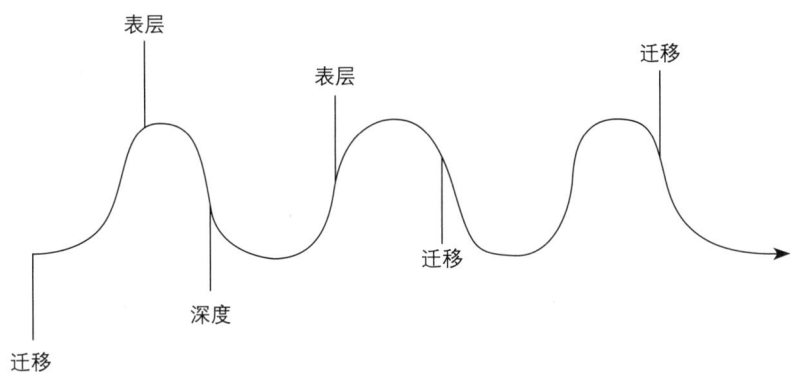

图5.4 问题化路径

在向学生展示问题化学习单元之前,教师必须对问题化路径进行强有力的评估,因为问题化学习和项目化学习效果波动较大,通常对学生的学习影响很小(Hattie,2009)。问题化学习不是为表层学习而设计的,但是当我们观察其在深度和迁移水平上的影响时,对学生学习的影响还是较大的(McDowell,2017,2018)。当教师将表层的高产量教学实践(如直接教学)与问题化学习/项目化学习的高影响力实践(如比较情境)结合起来时,所有复杂性水平的收获都能达到比较理想的程度(McDowell,2017)。

一个可能有助于选择路径的建议策略是使用问题-题干法(question-stem approach)。如本章前面所述,表层、深度和迁移成功的标准可被视为能回答关键问题。为学生决定最佳的途径时,要考虑使学生在探究表层、深度和迁移时保持最佳顺序。要做到这一点,首先教师要将成功标准转化为一系列问题,然后选择一条路径,让学生随着时间的推移回答这些问题。表5.5展示了一组每个复杂性水平不同的成功标准,然后将这些标准转化为问题。

表5.5　成功标准和相应问题

学习目标：学会分数乘法		
表层水平成功标准	深度水平成功标准	迁移水平成功标准
分数相乘，定义分数的乘法	证明并估计两个分数的乘积	在不同背景下应用分数乘法
表层水平问题	深度水平问题	迁移水平问题
我怎样做分数乘法？ 什么是分数乘法？	我们为什么要做分数乘法？ 为什么我的解题是正确或接近正确的？	什么时候分数乘法在现实生活中是有用的？

通过提问，教师为学生描绘出最合适和最吸引人的顺序，以便他们学习和整合表层、深度和迁移的知能。最重要的是，教师可以在开始教学时使用这些问题。围绕一个问题建立一个切入点，将学生定位为学习的积极参与者。这个问题表明，学生需要参与自己的学习，并意味着教师不会简单地传授知识。一旦教师选择了切入点，就可以通过选择某一种路径来保障学生持续利用问题。换言之，教师通过一个教学单元实际施教来支持学生的探究，通过选择一条路径，然后运用问题作为引导，让学生在复杂的表层、深度和迁移水平的路径中自如前行。

让我们看看几个近迁移的例子，它们将内容期望转换为跨复杂性水平的问题。这些例子涵盖小学（表5.6和表5.7）、中学（表5.8）和高中（表5.9）。

表5.6　初级英语语言艺术示例

学习目的：就一个话题发表看法		
表　层	深　度	迁　移
• 知道某个主题 • 列出对某个主题的不同看法 • 确定某一种看法	• 提供某个看法的理由 • 将其他看法与自选看法进行比较	• 将某个看法应用于其他情境
关键问题 传统路径：以书面形式提出看法的关键要素是什么？ 概念路径：为什么我们要考虑作者的看法？ 问题化路径：如何最有效地说服别人同意我们的立场？		

标准来源：NGA 和 CCSSO，2010a。

表5.7显示了与传统（表层）、概念（深度）和问题化（迁移）路径相一致的示例问题。

这些问题与初等数学的学习有关。

表5.7　初等数学示例

传统路径：什么是加法？怎么做加法？
概念路径：为什么两个量以不同的方式相加总是得到相同的和？
问题化路径：加法在多大程度上限制了我们理解世界的能力？

表5.8显示了与传统（表层）、概念（深度）和问题化（迁移）路径相一致的示例问题。这些问题与中学英语语言艺术标准有关。

表5.8　中学英语语言艺术示例

传统路径：我们如何找到一篇文章的主题？主题是如何传达的？主题是什么？
概念路径：为什么我们在文学中看到反复出现的主题？
问题化路径：谁值得原谅？

表5.9呈现了与传统（表层）、概念（深度）和问题化（迁移）路径相一致的示例问题。这些问题涉及高中美术、英语语言艺术和社会研究标准。

表5.9　高中美术、英语语言艺术和社会研究示例

传统路径：这幅作品传达了艺术的哪些方面？艺术如何传达反复出现的主题？
概念路径：为什么我们不断在艺术作品中传达人的处境？
问题化路径：我们在哪里做出更好的决定以影响后代？

评估实践，确保整合了所有复杂性水平

一旦你明确了路径，你必须结合评估实践，确保学生已经成功地整合了所有复杂性水平。

麦克泰和威金斯（McTighe & Wiggins，2013）主张在迁移水平学习中使用开放式评估任务。封闭式问题通常可以回答"是"或"否"，或者一组有限的可能答案（例如，多项选择题测试中的A、B、C或D）；开放式问题则要求学生解释原理、评估观点并完成现实生活任务（例如，写一篇文章或完成某项解题任务）。开放式评估为学生提供了一种方式来展示表层学习、深度学习和迁移学习如何得以整合。此外，开放式评估可以让教师看到学生是否在学习中使用了迁移技能——激活、应用和真实。

表5.10提供了学生在迁移阶段可能进行的三种开放式评估。

表5.10　开放式评估任务的类型

迁移评估类型	描　述	示　例
产　品	两个关键阶段：提案阶段（确定需求、制订解决方案标准和确定解决方案）、营销和维护阶段（推销、创建、营销和检查）	• 制作电影 • 编写剧本 • 制订一个商业计划 • 从案例研究中归纳核心原则 • 从案例研究中制订未来建议、解决方案和潜在问题 • 设计报告并向专家小组提出问题 • 创作艺术品和图表，说明不同背景下不同概念之间的基本模式
表　现	要求学生运用知识和技能解决各种背景下的复杂问题	• 表演 • 辩论 • 参加苏格拉底式研讨会 • 上演脱口秀 • 进行科学实验 • 选择一种表达策略，为驱动性问题提供解决方案
作品集	要求学生汇编个人作品集，以说明随时间推移的学习水平的变化。这种长期的视角提供了一个衡量学生在解决迁移水平问题的过程中学习或进步的标准	• 在成长过程中写日记或进行反思性写作 • 对发展效能水平的进展和专业性开展同行评审 • 向团队成员介绍个人在表层、深度和迁移学习方面的成长 • 设计一个网站，说明学习成长，包括效能证据（如语音交流和反馈的记录）

开放式任务最强大的是，它们非常适合学生之间的互动。当学生之间发生互动时，就有机会通过以下方式来检验原有知识并产生新的想法：

• 互相反馈。

• 参与解决问题。

• 注重个人的和集体的理解。

• 鼓励持不同观点的人参与。

• 允许用不同的表达理解方式（例如，阅读、写作和辩论）。

产品、表现和作品集能够作为同龄人之间进行对话的载体，而不是仅仅加强原有知识或不需要学生之间的互动的任务。学生的对话不仅是巩固已知的知识，也是冒险去了解他们不知道的知识或头脑中尚未完全形成的知识。对话开启了整合表层、深度和迁移学习的通道，这就是绝妙学习发生的地方。

教师让学生参与开放式任务的一种方法是在选定的路径中让学生提供许多产品、表现和作品集。例如，学生可以设计一个播客，收集关于自己表现的数据，并将其包含在作品集中，然后在专家小组面前做出问答。

让我们看一个例子。学生可能会面临这样的问题：在新冠病毒肺炎疫情期间，应该在何时何地取消就地隔离措施？教师可能会让学生开发一个播客脚本。在这个播客中，学生和听众分享驱动性问题的初步答案。此外，他们还可以收集关于封闭评估任务的数据（例如，在微生物学中的多项选择题——什么是病毒？），以及来自播客的反馈，并将其包含在作品集中。

教师可以邀请学生遵循规约互相反馈，并分享与表层、深度和迁移知识相关的关键思想。正如本书所示，协议是构建学生互动的有力方式，也是教师见证学生思考和必要时进行干预的一种方式。在这一步骤之后，学生将获得关于政府应对新冠病毒肺炎疫情的新信息，以及关于该疾病传播的测试数据。然后他们开展活动，在活动中，学生必须向新闻记者小组传达他们对各国根据这些数据应该做什么的看法。

协同努力，检视影响，并建构创新的学习单元

马扎诺等人（Robert J.Marzano，Philip B.Warrick，Cameron L.Rains, and Richard DuFour，2018）和哈蒂（John Hattie，2015）认为，与同事的有效合作是教师可以用来影响学生学习的好策略之一。团队使教师能够倾听和分享不同的观点，进行充分的对话，并参与集体决策。

教师协作的目的包括：
- 在效能（定向、激活和协作）和专长（表层、深度和迁移）方面做出有实证依据的决策。
- 开发迁移水平的教学单元。
- 收集有关学生运用所学知识、与他人交往、处理挫折等方面能力的数据，换句话说就是迁移能力。

如果说在工作、生活和教育中有一个既有利又有弊的核心策略，那就是组建团队。一些很有潜力的团队往往也无法实现需要深入迁移水平的工作目标。关于这个问题已经有许多专家论及（Argyris & Schön，1996；Schwarz，2013，2017）。大多数团队都采取分而治之的策略：成员分配任务、各司其职，以最高效率完成表层学习任务。但就像花圃一样，团队需要关爱培育。为了发展和保持强大的团队，教师应该利用以下几点：

- 规约：关于如何合作和解决问题的协议。
- 解决问题：建立章法，约定团队发现问题、商定解决问题的步骤，并使用一套规约来解决问题。
- 视角：博采众长，加强联系，分享观点，共同理解并解决问题。

表5.11详细说明了学生和教师团队可能使用的具体策略，以确保在专长和效能方面提升学习效果和效率。

表5.11　团队合作成功的标准

团队合作成功的标准	描述	策略
规约	团队确定自己将做出的承诺，以确保所有成员共同解决团队的关键问题	• 相互学习，构建共同价值观和假设以及承诺 • 规约 • 认同
解决问题	团队确定正在解决的问题类型，并利用特定的过程和一组协议来解决问题	• 调查周期类型1 • 调查周期类型2
视角	团队建立一个特定的结构，以确保在理解和解决问题时纳入多个视角	• 启动 • 协议 • 角色

规　约

团队需要有一个规约，一个大家为了通过合作体验达成一致而协调的规约。心理学家和咨询专家罗杰·施瓦茨（Roger Schwarz，2017）提供了一个有用的模型，建议团队在考虑共同的价值观和假设时予以考虑。他认为，个人或者群体往往是说一套做一套。他用"实际理论"（theories in use）一词来描述我们实际做了什么，并用"支持理论"（espoused theories）来描述我们说做了什么。施瓦茨（Schwarz，2017）认为，"实际理论"和"支持理论"应该保持一致，力求相得益彰，而不是采取全面控制或放弃控制的做法。也许了解两种理论是否一致的最好方法是，当我们遇到心理上有威胁或可能令人尴尬的情况时，观察自己的行为。规约使我们能够阐明团队期望的实际理论和实际行为是什么样的，以及如果一个成员不符合规约中的条例，团队可以做什么。

表5.12说明了基于价值观和领导者对权力和影响力的假设所持有的不同行动理论。当团队没有花时间决定如何分享权力和影响力时，个人可能会争抢控制权，或把所有控制权让给团队的其他成员。从表5.12中我们可以看到，这些方法的假设、策略和结果抑制了学习。团队必须通过讨论价值观、假设、策略和取长补短的结果，有意识地建立协同学习与进步的规范。教师团队应该回顾这张表，并讨论其成员可以采取的步骤，以确保团队取长补短、共同进步。

表5.12 为迁移而教的学生和教师的成功标准及目标

项 目	控制别人	放弃控制	取长补短
价值观	• 获胜 • 总是自认为是对的 • 尽量减少表达负面情绪 • 理性行事	• 在确定目标时大家都有份 • 大家都赢，没有人输 • 感情优先 • 抑制某个人理智行事	• 信息可靠 • 选择自由 • 团队承诺 • 同理共情
假 设	• 我了解情况，别人说了不算 • 我是对的，别人说错了 • 我的动机纯洁高尚，持不同意见的人别有用心 • 我的感觉和行为很靠谱 • 问题不是出自我这里	• 我了解情况，别人说了不算 • 我是对的，别人说错了 • 我的动机纯洁高尚，持不同意见的人别有用心 • 我的感觉和行为很靠谱 • 问题不是出自我这里	• 人有所长，我有所短 • 每个人都可能看到别人看不到的东西 • 差异是学习的机会 • 大家都会努力践行
策 略	• 支持自己的立场 • 自己的理由不公开 • 别人的理由不关心 • 心态放松 • 保全面子	• 支持自己立场 • 自己的理由不公开 • 不关心别人的理由 • 心态放松 • 保全面子	• 验证假设和推论 • 分享所有相关信息 • 使用具体例子和统一重要概念 • 解释推理和意图 • 关注兴趣，少问立场 • 支持与探究相结合 • 联合设计方法 • 开放讨论，明辨是非 • 使用决策规则，产生所需的承诺

续表

项目	控制别人	放弃控制	取长补短
结果	• 误解、非建设性冲突和防御 • 不信任 • 自满、自我封闭 • 学习受限 • 降低效能 • 工作生活质量降低	• 误解、非建设性冲突和防御 • 不信任 • 自满、自我封闭 • 学习受限 • 降低效率 • 工作生活质量降低	• 加深了解，增加有益冲突，降低防御水平 • 增加信任 • 减少自满、自我封闭 • 提高效率 • 提高工作生活质量

资料来源：改编自Schwarz, 2017。

为了真正落实取长补短，协议应包含表5.12中取长补短一栏中的策略。教师团队应该选择能够让成员参与对话、给予和接受反馈以及解决问题的规约。规约是一种结构化的表达，可以围绕讨论的关键结果组织对话，同时保持职业操守，有效地引导情绪。表5.13说明了大家可能使用的一些规约，以确保有效的反馈并做到集思广益（参见附录A中的表A.5和表A.6，分别了解伙伴互评协议和学习困境协议的更多信息）。

表5.13 反馈规约

规约	说明
伙伴互评协议	反馈应该持积极、肯定态度，提供给接收者考虑的关键问题，并指出下一步具体做法以提高学业表现
调整	反馈应该持积极、肯定态度，协议提供给接收者考虑的关键问题。这与伙伴互评实施过程类似，只是它不提供后续具体做法的建议。请访问学校改革倡议网站（www.schoolreforminitiative.org），从协议和资源下拉菜单中选择协议，了解如何最好地执行由Joseph McDonal制订并由David Allen完善的规约（2017）
解答疑难	在团队成员刚开始开发或执行方案，并且需要进一步的落实才能继续工作的情况下，需要有反馈
咨询	当团队成员处于项目中并需要进一步落实时，需要有反馈。请访问学校改革倡议网站（www.schoolreforminitiative.org），从协议和资源下拉菜单中选择协议，了解如何最好地执行由Paula Faith Dunne，Evans和Gene Thompson Grove开发的协议（2017）

解决问题

教师应该在表层、深度和迁移的发展与整合的同时，检查学生对基于效能的知识和技能的掌握和熟练程度。此外，一旦团队检查了学生的表现，就有责任对这些数据做出回应。一种方法是遵循以下四个步骤：

（1）诊断：团队成员会面并收集数据来回答问题——学生在多大程度上得到了效能和专长成长？一旦教师收集到初步证据，就能为团队确定一个重点领域。

（2）干预：团队确定并实施成员认为会对学生学习产生重大影响的干预策略。

（3）分析和评估：团队成员会面并回顾对学生表现的干预结果。此时，团队要决定下一步是保持当前的做法还是调整策略。

（4）学习：团队成员在解决问题的过程中花时间一起反思关键的学习。现在是团队确定具体教学策略对学生学习效果影响的时候。

这些步骤不断重复，形成循环。美国加利福尼亚州罗斯学区每四到五周进行一次这样的循环（表5.14，增长数据示例）。该地区的教师通常会选择一种工具来衡量学生在专业知识或效能领域的成长和熟练程度（表5.15），然后收集诊断数据。在回顾诊断数据后，教师确定关注的领域，确立目标，并选择他们认为对学生学习有影响的解决方案。然后团队成员每周都会聚在一起确定目标、挑战和后续行动。团队成员决定整体影响，以及是否应该保持自己已经实施的干预措施，或者应该调整、删除特定做法。最后，团队反思他们从经验中学到的关键知识，并为团队设计潜在的后续行动。在罗斯学区，大约70%的合作时间都花在诊断、干预、分析和评估以及学习的循环上。

表5.14 评估数据样例说明了随着时间推移所有复杂性水平都有所上升

学生序号	前测（总分16）	正确率/%	后测（总分16）	正确率/%	迁移	后测+迁移	正确率/%+迁移	成长	前测指数	后测指数
1	1	6.3	12	75.0	1	13	81.3	11	0.15	0.97
2	4	25.0	14	87.5	0	14	87.5	10	0.58	1.13
3	2	12.5	12	75.0	0.5	12.5	78.1	10	0.29	0.97
4	8	50.0	8	50.0	0	8	50.0	0	1.17	0.65
5	6	37.5	10	62.5	0	10	62.5	4	0.88	0.81
6	8	50.0	16	100.0	2	18	112.5	8	1.17	1.29
7	4	25.0	9	56.3	0	9	56.3	5	0.58	0.73
8	3	18.8	8	50.0	1.5	9.5	59.4	5	0.44	0.65

续表

学生序号	前测（总分16）	正确率/%	后测（总分16）	正确率/%	迁移	后测+迁移	正确率/%+迁移	成长	前测指数	后测指数
9	2	12.5	12	75.0	0	12	75.0	10	0.29	0.97
10	13	81.3	12	75.0	2.5	14.5	90.6	-1	1.9	0.97
11	16	100.0	16	100.0	3	19	118.8	0	2.34	1.29
12	3	18.8	10	62.5	0	10	62.5	7	0.44	0.81
13	13	81.3	16	100.0	1	17	106.3	3	1.90	1.29
14	14	87.5	16	100.0	3	19	118.8	2	2.05	1.29
15	2	12.5	14	87.5	1	15	93.8	12	0.29	1.13
16	12	75.0	16	100.0	2	18	112.5	4	1.75	1.29
17	5	31.3	10	62.5	0	10	62.5	5	0.73	0.81
18	7	43.8	12	75.0	1.5	13.5	84.4	5	1.02	0.97
19	7	43.8	12	75.0	2	14	87.5	5	1.02	0.97

检测要求		前测	后测	差值
正确	平均分	6.8	12.4	6.6
	平均正确率/%	42.8	77.3	34.5
	平均分+迁移		13.5	6.6
	平均正确率+迁移		84.2	41.4
合格	合格人数	5	13	8
	合格率/%	26.3	68.4	42.1
	合格人数+迁移		13	8
	合格率+迁移		68.4	42.1
评分标准差		4.7	2.8	-40.8

来源：加利福尼亚州罗斯学区（Ross School District, Ross, California）。经许可使用。

表5.15 基于专业知识和效能的工具

发展专长	发展效能
效应量：使用前测和后测评估数据，教师分析能力熟练度和进步程度低于0.40的效应量（Hattie，2012）	学习周期：教师让学生接受简短的访谈，并参加专题小组讨论他们对有效知识和技能的理解、应用和感受。教师在整个学年收集这些数据（McDowell，2018）
知识获取：建立一套复杂程度的量规，教师分析学生在学习中的增量（Marzano & Waters, 2009）	调查数据：教师让学生在课前和课后、学习单元或具有挑战性迁移水平评估任务之前和之后进行与基于效能的知能相关调查（McDowell，2018）
标准化基点：教师全年使用标准化评估来跟踪学生的成长	焦点小组：教师采访了一些学生，了解他们在有效行为方面的进步和相关的熟练程度
工作样本评估：教师随时间的推移评估学生的工作，以确定在所有复杂性水平的表现提高	访谈：教师与学生进行一对一的面谈，以深入了解学生对有效行为的价值观和使用看法
访谈：利用评估前和评估后提出的类比问题，教师对学生进行一对一访谈。这些访谈通常使用澄清问题来深入了解专长（Marzano, 2009）	通过课堂观察，教师确定基于效能的行为频率
观察评估：通过课前、课中和课后的观察，教师记录课堂上学生行为的变化（Marzano, 2009）	学生生成的评估：教师授权学生建构自己的方法来证明其进步和能力（Marzano, 2009）
讨论：通过在表层、深度和迁移水平上使用提示，教师可以跟踪学生的学习进展情况	讨论：通过在定向、激活和协作层面上的提示，教师可以跟进学生的进展

资料来源：改编自McDowell, 2019。

教师需要有足够的时间和同事的反馈来设计和检查迁移水平工作对学生的影响。以下三个步骤将帮助团队找到将迁移学习融入课堂的方法，并检查学生在迁移学习方面的进步。

（1）探索：教师需要时间来设计学习单元，包括迁移水平的学习。通常情况下，这意味着教师与同事一起寻找方法，将不同学科内和不同学科之间的学习结果和情境联系起来。此外，这意味着教师正在寻找多种方式让学生表现出理解程度。例如，不同部门的教师可能会满意并分享他们期望学生在下个季度达到的学习目标和表层及深度的成功标准。下一步，教师共同努力，制订迁移水平成功标准，要求学生利用每堂课的知识和技能，在一个或多个情境中解决一个或多个现实生活问题。

（2）参与：教师需要与同事合作，寻找校外专家，这些专家致力于解决现实问题，参与社区，并愿意支持教师和学生的迁移工作。这也是讨论迁移水平学习单元最有效的开放式任务的时候。

（3）发展：教师需要同事的反馈，以不断地提高自己迁移教学的水平。他们可以检查自己的迁移水平工作对学生的影响，并利用数据来提高学生的迁移水平。

表5.13说明了支持教师团队学习如何教授迁移的推荐性规约，而表5.16说明了教师建构、实施和检查迁移工作的工具。

表5.16 检查和改进迁移水平的教学工具

要 素	说 明	工 具
探 索	教师为学生开发迁移水平的学习单元，并利用同事的反馈完善迁移的初始想法	• 臭鼬工厂
参 与	教师与校外其他部门合作开展迁移工作	• 寻找共同利益的途径
发 展	教师寻求反馈，以改进他们的工作	• 预测未来 • 红队

视 角

世界银行在发展中国家投资了许多项目，以支持教育、卫生保健、基础设施和资源管理。世界银行有趣的发现之一是，最成功的项目是那些被冲突和危机淹没的项目。事实上，赫希曼（Hirschman，引自Gladwell，2013）声称，与其问一个项目带来了什么好处，不如问"它带来了多少冲突？"和"它引发并经历了多少危机？"。

一个学生能学到的重要的技能之一，也是一个教师能示范的技能之一，就是欣赏和尊重自己思考问题和解决问题的方法中的怀疑。我们常常把怀疑看作是一种缺陷，我们把怀疑一个人的想法与消极的自言自语联系起来。但实际上并非如此。我们需要把质疑问难看作是学习的一种财富。怀疑就是有力量或勇气相信自己，同时乐于质疑自己的想法。这是一项艰苦但卓有成效的工作。

怀疑使我们能够从自己的立场、观点和现实中后退一步，开阔自己的眼界。怀疑并不意味着我们放弃或忽略信息。相反，怀疑是指我们在探索新事物时，有能力暂停或保持自己的想法。就像掀开汽车的引擎盖去看引擎一样，怀疑让我们看到自己的想法和信仰的内在运作。正如历史学家杰里米·阿德尔曼（Jeremy Adelman）在《格拉德威尔》（引自Gladwell，2013）中提到的哲学家欧亨尼奥·科洛尔尼（Eugenio Colorni）所说"怀疑是创造性的，因为它允许人们以其他方式看待世界，不做井底之蛙，可以引导人们走出难以驾驭的圈子和自食其果的沮丧。事实上，怀疑可以激励我们"。

怀疑并不意味着我们不提倡自己的想法，相反，我们提倡自己的想法，并用问题来寻求他人的想法和观点。怀疑是探究的沃土，也是前面讨论的取长补短、相互学习方法的关键因素。我们应该做到的是陈述时信心满满，倾听时虚怀若谷。那么，我们如何接受和利用怀疑的力量呢？我建议教师使用表5.17中详细说明的方法——启动、协议和过程角色来参与对话，使协作小组的成员能够相互倾听并解决问题。

表5.17 取长补短、相互学习的方法

方法	描述	示例
启动	教师使用协议从其他教师那里引出假设、预想和观点	为教师提供一份问题清单，让学生反思自己和他人的观点。例如，我们没有积极倾听谁的声音？还有什么其他方法来解释数据？我们还应该和谁谈谈？另一个符合我们标准的解决方案是什么？
协议	教师使用结构化的过程来解决问题和做出决策	伙伴互评协议；调优协议；学习疑难协议；咨询协议
过程角色	教师团队的成员扮演着各自的角色，以确保相互学习模式的核心策略在团队中始终是积极的	观点辅导：确保听到不同观点；准确性辅导：确保解决方案中使用的信息被准确传达；协议辅导：会议期间确保成员遵守协议

结 语

教师必须预见性地规划和制订策略，确保学生整合基于效能和创新专长的知能。本章中提出了实现这些目标的关键策略，包括确定核心课程标准的优先顺序，为学生选择学习所有复杂性水平的途径，确保综合所有复杂性水平的评估实践，检查我们对学生进步和熟练程度的影响，设计创新的学习单元。

反思性问题

以下问题是为你设计的，你可以单独或小组讨论，以确定你将在课堂上采取的后续行动。当你回顾这些问题时,重要的是你要反思目前在教学中使用的工具,以及你可能会发现你目前的信念和实践与我的建议之间的张力关系。教育工作者通常会随身携带一套在某些情况下效果良好的工具。本章的内容对那些在工具间里有很好用的工具的教师来说可能较为熟悉。然而,带着一套适合办公室使用的工具的教师可能会发现这一章很有挑战性。不管你处于什么位置,这都是一个整合新工具的机会。

(1)你在这一章中的主要收获是什么?

(2)在表5.1中,你经常希望学生回答哪些问题?为什么?

(3)提出的整合表层、深度和迁移知识和技能的四种策略中,哪一种似乎是最可行的?为什么?哪种策略看起来最困难?为什么?

(4)制订优先级标准需要采取哪些步骤?需要采取什么步骤来确保学生在所有科目中学习陈述性知识?

(5)你使用了什么路径来确保学生体验表层、深度和迁移水平的学习?

(6)你不熟悉哪些开放式评估任务?你需要做些什么来尝试一种新的评估方式?

(7)你需要采取哪些步骤来支持你和你的团队检查你对学生学习的影响并设计新的学习单元?

后续行动

与反思问题一样,请单独或作为一个团队完成这些步骤中的每一步,并确定你将在课堂上采取什么行动。

(1)与同事一起回顾本章,讨论你可以做出的改变,以帮助团队满足表层、深度和迁移层面的期望。可以问以下问题:

a.团队目前是如何设计新的学习单元并改善工作的?这些过程与这里讨论的内容有什么相似或不同之处?

b.我们需要采取什么行动来遵循这三个步骤(即探索、参与和发展),与同事一起开展和检查迁移水平工作?

(2)与同事一起选择之前的一章,讨论不同章节之间建议的异同,将迁移整合到我们的教学实践中,包括你和你同事当前的教学实践。作为一个团队,讨论为什么存在这样的相似性和差异性,以及团队下一步应该采取什么措施。以下为可能有助于这一讨论的两个策略：

a.采用最终协议（表5.18）；

b.根据你选择的章节访问EL教育（https://eleducation.org）阅读有关如何执行最终协议的详细概述。

表5.18 最终协议

目　　的	以下协议确保团队对研究、学生作业或其他书面材料有共同的理解
建议时间	45分钟
开场白(5分钟)	• 强调协议的目的 • 强调团队的协议或规范 • 确定主持人和参与者 • 强调被评估产品、过程或展示的成功标准
程　　序	第一步：准备 参与者在进入协议前阅读指定的文章 第二步：第一轮（7～10分钟） • 参与者四至五人一组，指定一个人开始流程 • 被选中的人阅读一段引述或发表一条关于该作品的评论。此人不详细展开说明（30～45秒） • 每个参与者都有60秒的时间对引用或评论作出回应，其他人不发言。一旦一个人说完了，下一个人就会作出回应，直到每个人都有机会发言 • 第一个人作总结并提供自己的评论来分享最后一句话 第三步：重复这一轮 小组会继续这个过程，直到每个参与者都有机会提供一个最初的引述或评论以及最后的话
结　　束(5分钟)	参与者对团队执行协议和遵守协议的情况进行评价

— 结束语 —

> 他做了什么使这些伟大的摇滚乐队变得更好？他把事情搞得"一团糟"。他打乱了乐队的创作过程。他的职责就是告诉乐队，他们必须弹奏那架无法演奏的钢琴。
>
> ——蒂姆·哈福德（Tim Harford）

音乐家布莱恩·埃诺（Brian Eno）是有史以来最具影响力和最成功的摇滚专辑的合作者。他以独特的方式协助音乐家进行创作。他打断他们的音乐创作，告诉他们更换乐器，以不同的速度工作，或者重复他们在演奏曲目时所犯的错误（Harford，2015）。当他这样做的时候，乐队的成员变得沮丧，因为他们不得不改变常态并停止练习，转而尝试一些新的东西。由于不能使用自己熟悉的工具，无法待在办公室这种可预测的环境里，所以他们开始捣鼓打磨。他们改变视角，找到迁移的可能，然后创作——创新者在工具间里从事工作。

我在本书中提出的框架本质上和布莱恩·埃诺指导音乐家的工作有异曲同工之意——将专长与创新结合起来——但是在教育领域。我们作为教师需要暂停并抛开我们的常规和实践，寻找不熟悉的，也许是不舒服的但可以提高学生获取核心内容知识的能力方法，在他们自己的学习中提升效能，并发展解决跨多个情境的现实世界问题的能力。这首先是通过在办公室使用我们熟悉的工具来实现的——讲授和评估学生对核心成果的学习，以及共建这样的意图，以便学生获得了我们对他们期望的高水平的分析力，并且能够相互扶持。接下来，我们拿起工具间里能找到的工具，我们在学习体验中融入变化，我们教学生如何看待问题，处理多变性，与教室外的其他人互动，解决充满争议的问题。最后，我们必须共同努力创造条件将教室改造成一个集工具间和办公室工作于一体的场域。

作为教育工作者，我们必须在课堂上实施该框架中规定的工作，确保学生发展核心学术知识和技能，并掌握自己的学习方法。我们必须帮助他们打造解决现实世界问题所需的工具，这些问题的解决需要跨情境的独特见解和包含多种观点的解决方案。让我们不要仅仅想象这种环境，让我们采取行动。我们可以做到这一点，不是扔掉我们所有的工具，而是保留那些有用的工具，抛弃那些不能产生预期效果的工具，并选择一些新的工具来推进所有学生向迁移学习迈进。如果我们这样做，学生将在办公室和工具间之间找到平衡，不仅能控制他们的学习，而且能控制他们的生活和未来。

　　我们对这条轨迹有很大的影响，毕竟，这就是我们在这里的目的：确保学生成为他们能够成为的人——能够将课堂上的知识和技能应用到更广阔的世界。

附录A：基础学习的资源

不同年级的学习意向和成功标准

以下两个表提供了学习意向和成功标准的示例，支持你自身发展。

表A.1 六年级数学学习目标与成功标准

学习目标：使用坐标平面的第一象限生成并解决实际问题		
表层内容 （关注一个或多个概念）	深度内容 （连接概念、观念和技能）	迁移内容 （应用概念、观念和技能）
识别坐标平面第一象限的点； 在坐标平面第一象限绘制点； 识别具体情境中点的坐标值	在具体情境中解释点的坐标值的涵义	在坐标平面的第一象限创建能通过绘图解决的现实生活中的问题

表A.2 十年级数学学习目标与成功标准

学习目标：我将在各种情况下评估方程组的解和非解		
表层内容 （关注一个或多个概念）	深度内容 （连接概念、观念和技能）	迁移内容 （应用概念、观念和技能）
确定一个点是否属于给定图形或方程的解	用口头表达来解释解决方案的约束条件； 用方程和系统表示约束条件	在具体情境中使用和验证解决方案

测试原有知识水平和发展效能的策略

下表提供了一些策略,让教师指导学生如何测试原有知识,并积极地专注于随着时间的推移提高学习表现。

表A.3　测试原有知识活动

策　略	说　明	活　动
差异分析	这是一项使学生明白当下学习和下一步计划差距的合作活动	• 要求学生进行预评估 • 要求学生确定自己在预评估表现中的信心 • 交回含有正确答案的预评估,让学生与合作伙伴一起复习作业 • 学生与合作伙伴讨论原有知识差距 • 学生小组讨论为了缩小差距下一步可能采取的措施,并与全班分享主要想法
共享、测试与验证	学生与其他同学分享他们包括错误观念在内的原有知识; 确定测试未来思维的方法,以更好地参与学习; 在课程或单元结束时与其他学生一起反思	• 要求学生写下自己对某个主题的了解 • 指导学生找到一种方法来测试自己所知道的,确保正确无误(例如,我们如何质疑所知道的事情?) • 学生结对讨论"知识"和步骤,以明晰学习中的差距 • 学生小组与全班分享并讨论跟进进度的方法 • 学生小组在课程或单元结束后返回来讨论原来正确的想法和其他已经改变的想法
错误观念和纠正过程	教师和学生合作建立成功的标准。教师展示常见的错误观念,让学生努力改正这些错误观念,然后全班通过写下教师是如何纠正错误观念的来一起练习建立标准。当学生在活动中有一些可以借鉴的原有知识时,这种方法最有效	• 向学生陈述学习意向 • 告诉学生你将提供示范,请他们注意观察,确保你不出差错 • 故意犯一个错误,然后说:"哦,不,我做了什么?" • 一旦学生清楚地表达了错误观念,问学生他们能做些什么来防止再次产生错误观念 • 在"成功标准"标题下记录学生的想法,通过所有成功标准重复此过程 • 要求学生在同一任务中使用新制订的成功标准进行匹配和监控 • 审视学生注意到的错误观念,以及他们不知道如何表达错误观念的时间。这展示了学生可能缺乏原有知识和需要教学支持的领域

下表说明了随着时间的推移,支持学生提高学习效率(定向、激活和协作)的示例策略。

表A.4 基于效能的策略

标 题	说 明	示 例
定向：整合与匹配	该活动使学生能够识别与学习目标相关的情境、学习意向、工作结构和任务	给学生一套卡片，每张卡片都有一个具体情境的例子，与学习目标相关的学习意向、工作结构或任务。学生与其他人一起确定哪张卡片是情境、学习意向或任务。然后，学生与其他人分享答案，并讨论正确的答案
激活："当我无从下手时"	这项活动将学生置于具有挑战性的认知情境中，并要求他们反思应对挑战的最佳策略。这些情境可能错综复杂，必须讨论他们将采取什么步骤来通过挑战，以及通常如何使用这些步骤在其他情境中取得成功	将学生分为小组，让他们在讨论中解决四个问题中的一个。让学生停下来，在活动结束时问他们使用什么策略来解决问题，学生小组思考解决问题的方法如何应用于学习中
协作：深究细挖	这项活动要求学生组成小组，互相展示各自对一个概念或情境的理解，然后讨论个人理解与其他同学理解的相似和不同。接下来，学生就采取相应的步骤进行对话，审视彼此的想法并达成准确共识。最后，小组思考将个人想法和理解带给小组的重要性，以及共同努力确保信息完整准确的重要性	让学生三人一组，要求他们单独解决一个小白板或一张纸上的问题。要求学生写下正在使用的情境知识（例如，"你知道什么可以帮助你回答这个问题吗？"）。接下来，学生分享答案和情境知识。要求学生小组讨论答案和情境知识之间的异同

反馈协议

以下两张表描述了你在与同事解决问题时可能使用的两种协议。

表A.5 伙伴互评协议

伙伴互评协议	
十分钟	个人（或团体）提供一份案例或学生表现数据以获得同事的反馈。这可能是学习意向和成功标准的一个案例、一个学习单元，或者可能是评估前和评估后的数据。演示者分享七到八分钟，最后两到三分钟专门用来回答教员问题
五分钟	展示者准备记笔记，教职员工充当"挑剔的朋友"，以结构化的方式提供反馈。在前两分钟，挑剔的朋友应该以"我喜欢"开头的语句来凸显展示者的优点。接下来的几分钟，挑剔的朋友应该向主持人提出问题，或是以"我想知道"开始陈述。在同事提供反馈期间，展示者不应说话，而是倾听并记录
五分钟	展示者对评论进行反思，并确定可能的步骤

表A.6 学习困境协议

目 的	该协议使教师小组会议中的展示者能够更广泛地思考特定的困境。
过 程	展示者提供困境的概述(5~10分钟) 小组提出澄清问题(3~5分钟) 小组询问展示者探索性问题(10分钟) 小组分析困境、提炼问题,然后提出开放性建议,展示者不发言(10分钟) 展示者与组员一起思考其想法(3~5分钟) 引导者与组员一起思考过程(3~5分钟)
探究性问题	我们听到了什么? 我们没有听到什么相关的信息? 什么假设似乎起作用? 这个困境给我们带来了什么问题? 我们怎么看待这个困惑? 如果面临类似的困惑,我们将做什么或者尝试做什么? 在类似的情况下,我们做过什么?

附录B：迁移网络开发资源

成功标准示例

下面的表格提供了迁移水平的成功标准示例。左栏展示了没有任何情境或上下文的迁移水平语句，而右栏用具体情境示例的形式说明了每个语句。

表B.1 迁移水平成功标准示例

成功标准提示（学生）	特定情境的成功标准示例（学生）
提出建议	制订一项不使用单边关税而促进全球经济的提案
将X情境的解推广到Y情境	将减少农业中农药用量的方法推广到减少臭氧层中的二氧化碳
设计并进行调查	设计并进行一项对附近县所有人医疗保险覆盖有利的调查
假设_____的结果，如果我们_____	假设增加锻炼的结果，如果我们加入了经济激励
启动以下解决方案_____	开始对未达到学校期望的幼儿（5～7岁）进行辅助训练
反思_____的实施	反思使用无人机处罚超速汽车的做法
研究_____	研究与学习相关的新技术，确定改变当前政策的必要性

下面的表格提供了跨学科迁移学习单元的学习目标、成功标准、情境和驱动性问题的示例。

表B.2 跨学科驱动性问题的学习目标和成功标准

学　科	学习目标	成功标准	情　境	驱动性问题
环境研究 英语语言艺术 社会研究	学生将： 进行短期或持续的项目研究 • 分析当代美国的主要社会问题和政策（HSS.11.11） • 考虑本地和区域活动的全球影响，评估和提出解决各种问题的方法，包括臭氧消耗、全球变暖、海洋变暖和酸化、物种入侵和人类对生物多样性的影响	学生将： • 回答问题（包括自提问题）或解决问题；适当缩小或扩大调查范围；综合多个资料来源，展示对被调查对象的理解（W.11-12.7） • 从多个权威纸质和电子资料来源搜集相关信息，有效使用高级搜索，评估每种资源在回答研究问题时的有用性；有选择地将信息整合到文本中，保持思想的交流，避免抄袭和遵循标准的引文格式（W.11-12.8） • 追踪与环境保护、国家公园系统延伸、环境保护法发展相关的影响、需求和争议，特别关注环境保护倡导者和产权倡导者之间的互动（HSS.11.11.5）	• 航道速度限制 • 《大白鲸》	• 我们怎样才能改变人类与某些动物之间的敌对关系？ • 人类应该对海洋等空间和不属于任何物种的外部空间负责到哪种程度？
英语语言艺术 化学	学生将： • 知道元素周期表以原子递增的方式显示元素，并显示元素的物理和化学性质的周期性与原子结构的关系（HS-PS1-1） • 对一篇有两个或多个中心思想的文章提供复杂的分析（RI.11-12.2）	学生将： • 把元素在周期表中的位置与其原子序数和原子质量联系起来 • 使用周期表来识别金属、半金属、非金属和卤素（HS-PS1-1） • 引用强有力和充分的文本证据来支持对文本明确表达内容的分析，以及从文本中得出的推论，包括确认文本在哪里留下了不确定的内容（RI11-12.1） • 确定文本的两个或多个中心思想，并分析其在文本过程中的发展，包括如何相互作用和建立在彼此的基础上，以提供复杂的分析：提供文本的客观摘要（RI11-12.2） • 分析一组复杂的想法或者事件序列，并解释特定的个人、想法或事件如何在文本发展过程中相互作用（RI11-12.3）	• 《玻璃的故事》 • 《1984》	• 我们能在多大程度上确保所有人的未来前景都受到当前和过去技术创新的积极影响？

附录B：迁移网络开发资源

续表

学　科	学习目标	成功标准	情　境	驱动性问题
生物 英语语言艺术	学生将： • 应用生物进化理论解释物种多样性，这种多样性是通过世代的渐进过程发展起来的（HS-LS4） • 通过对内容的有效选择、组织和分析，撰写信息性或解释性文本，以清晰准确地审视和传达复杂的思想、概念和信息（W.9-10.2）	学生将： • 描述遗传变异和环境因素是如何导致生物进化和多样性的（LS4.C） • 阐明达尔文在得出自然选择是进化机制的结论时使用的推理（HS-LS4-4） • 从地质学的角度分析证据的独立性，化石记录和比较解剖学为进化论提供了基础（HS-LS4-1） • 构建一个简单的分支图，根据共享衍生特征对生物群进行分类，并确定如何扩展该图以包括化石生物（LS4.A） • 认识到当环境发生变化，一个物种的适应特征不足以生存的时候，就会灭绝（LS4.C） • 引入一个话题；组织复杂的思想、概念和信息，以建立重要的联系和区别，包括格式（例如标题）、图形（例如图表）和对理解有帮助的多媒体的使用（W.9-10.2.A） • 用精心挑选的、相关的、充分的事实、扩展的定义、具体的细节、引语或其他适合听众认知的信息和例子来展开主题（W.9-10.2.B） • 使用适当和不同的转换来连接文本的主要部分，创建衔接，并澄清复杂想法和概念之间的关系（W.9-10.2.C） • 使用精确的语言和特定学科词汇来管理主题的复杂性（W.9-10.2.D） • 在遵循本学科规范和惯例的同时，建立并保持正式风格和客观语调（W.9-10.2.D） • 提供一个结论性陈述和小结，该结论性陈述和小结引用并支持所提供的信息或解释（W.9-10.2.E）	• 物种起源 • 星球大战 • 社会项目	• 人类在多大程度上可以控制多种形式的进化？ • 人类应该干预进化过程吗？

标准来源：改编自加利福尼亚州教育厅，2000；NGA & CCSSO，2010a；NGSS Lead States，2013。

近迁移、近迁移至远迁移、远迁移单元示例

表B.3 单一学科内学习意向(近迁移)

学生将分析联邦民权和投票权的发展	
成功标准	
表 层	**深 度**
• 解释非裔美国人的要求如何推动了民权运动 • 审查民权倡导者的角色(例如,菲利普·伦道夫、马丁·路德金、马尔科姆、瑟古德·马歇尔、詹姆斯·法默和罗莎·帕克斯),包括马丁·路德金的《伯明翰监狱来信》和《我有一个梦想》演讲的意义	• 审查和分析民事权利演变过程中的关键事件、政策和法庭案例,包括德雷德·斯科特诉讼桑德福,普莱西诉讼弗格森,布朗诉讼校董会,加利福尼亚大学教育委员会诉讼贝克和加利福尼亚提案209的案件 • 讨论非裔美国人的民权运动在南部农村和北部城市教会的传播,包括小石城和伯明翰反对种族隔离的运动,以及这些运动是如何影响美洲印第安人、亚裔美国人的议程、战略和任务的有效性和拉美裔美国人的公民权利及平等机会的 • 分析民权和投票权立法的通过和效果(例如,1964年的《公民权利法》和1965年的《选举法》及第二十四次修正案),强调平等接受教育和参与政治进程
情 境	
• 不同总统治理下的梦想家 • 阅读学派之争(语音学派与全语言教学比较) • 重新划区	
迁移成功标准	
• 假设未来美国公民权利的变化 • 开始对代表不同的联邦民权和选举权的人进行调查 • 研究过去十年联邦民权和选举权的变化	
驱动性问题	
• 联邦民权和选举权未来应该做出哪些改变? • 政府某个部门将来是否应该有更大权力来领导民权和选举权的变革?	
任 务	
• 向一组公民和民选官员提交一份关于联邦民权和选举权的修正案以及可采取的措施	
困惑与展望	
• 考虑该国北部地区不同群体的基于种族和等级的权力动态,并将北方与南部地区进行对比(例如,对比北部和南部公交车的隔离方法) • 引入一项新的可以为学校提供额外资金的联邦或者州政策	

表B.4 两个学科的学习目标（近迁移–远迁移）

学科一学习目标	学科二学习目标
学生了解美国建国前的重大事件，并将这些事件与美国宪法民主的发展联系起来	学生运用使他们准确理解历史的策略

学科一成功标准		学科二成功标准	
表层	深度	表层	深度
• 描述大觉醒时期 • 确定《独立宣言》中与保障个人权利相关的核心要素 • 创建美国革命的时间轴 • 确定在美国革命中参与的关键国家和作用 • 定义公民共和主义、古典自由主义原则和英国议会传统	• 比较和对比大觉醒时期的道德政治思想和革命激情的发展 • 分析政府理念在独立战争中的体现，强调政府是保障个人权利的一种手段 • 探究美国革命是如何影响其他国家的，尤其是对法国的影响 • 比较国家公民共和主义、古典自由主义和英国议会传统的融合	• 把对历史的不同解释归类为主题性、顺序性、相关性和因果性 • 找到历史中偶然、忽视和错误的作用 • 确定用于解释过去事件的历史资料来源 • 提供一个随着新信息被发现，历史的解释可能会改变的例子	• 解释过去的中心事件和问题，把人和事放在特定的时空中 • 区分历史事件的长期和短期原因、影响、结果和相互关系 • 联系多方面的历史观点和事件，来解释新形式的出现 • 评估信息来源和对历史信息的多重解释，解析历史事件的不同观点

情 境
• 研究波士顿倾茶事件的真正动机 • 研究当今的个人自由（例如，第二修正案）

迁移成功标准
• 通过《独立宣言》的形成，做出一个关于当今的个人自由是如何形成的预测

驱动性问题
• 通过美国的建立，考虑是谁保障了个人权利，谁被排除在外？ • 随着时间的推移，那些最初被忽略的力量在多大程度上发生了变化？

任 务
采用由五个步骤组成的透视分析法。结合这五个步骤和相应的问题，推荐提供一个学生可以遵循的结构，以发展和加强他们对内容的理解。 1. 在一个有争议的话题上表明立场——我对此有什么看法？ 2. 确定你立场背后的理由——我为什么相信？ 3. 确定一个相反的立场——看待这个问题的另一个方法是什么？ 4. 描述反对立场背后的原因——为什么其他人会持有不同的观点？ 5. 总结你学到的东西——你学到了什么？

困惑和展望
• 美国南部非裔美国人、英国皇室和原住美国人的视角

表B.5 跨多学科学习目标(远迁移)

学习目标一	学习目标二	学习目标三
学生展示基本的经济推理技能和对经济的理解	学生通过使用标注有15.24厘米(1/2英尺)和7.62厘米(1/4英尺)的测量工具形成测量数据	学生撰写信息性或解释性的文章来解释一个话题和清楚地表达观点和信息
成功标准						
表 层	深 度	表 层	深 度	表 层	深 度
• 确定过去当地生产者曾经使用过的和现在正在使用的自然资源、人力资源和资本资源来生产商品和服务的方法(HSS.3.5.1) • 解释有些商品是本地生产,有些是美国其他地方生产,有些是国外生产(HSS.3.5.2) • 确定个人经济选择包括协调、评估收益和成本的例子(HSS.3.5.3)	• 比较和对比过去当地生产者曾经使用过的和现在正在使用的自然资源、人力资源和资本资源来生产商品和服务的方法(HSS.3.5.1) • 比较和对比国内与国际贸易 • 讨论学生在校工作与个人人力资本的关系	• 通过绘制折线图来展示数据,在折线图中,水平刻度用适当的单位——整数、1/2、1/4进行标注	• 把水平刻度和测量单位关联起来	• 引入一个话题,并将相关信息分组,包括有助于理解的插图 • 用事实、定义和细节来发展主题 • 提供结论性陈述	• 使用连接词和短语(例如,另一个、和、更多、但是)连接信息类观点 • 把论题和结论连接起来
情 境					
• 全球贸易(7国集团政策决定) • 石油或天然气 • 可再生能源 • 学校商店 • 亚马孙雨林					

续表

迁移成功标准
• 在做出经济选择时,是否需要一个外部的参考来确定立场 • 设计并实施一项为自己或他人提高经济效益的方案
驱动性问题
• 谁受到经济的负面影响,谁受到经济的正面影响? • 外部因素是否影响我们的经济决策?如果是,到了什么程度?
任　务
• 写一篇关于经济如何影响三年级学生和当他们变老的时候经济如何影响他们的文章
困惑和展望
• 介绍不属于典型市场经济的人群 • 介绍供应链的变化,并讨论供应链变化对经济的影响

标准来源:加利福尼亚州教育厅,2000。

附录C：适用于迁移任务的资源

学生和教师的迁移学习策略

以下表格说明了让学生参与迁移任务的建议策略和示例。

表C.1　处理信息和规划下一步的策略

策　略	描　述	示　例
流程图（或者用其他可视化的图表示）	学生使用易于理解的方式，表达和展示处理一项任务或一个问题的正确过程，处理和问题相关信息的方法，以及与问题相关的各种观点	• 申请通过：一个学生在一张纸上写下一个申请，然后把这张纸递给另一个学生。该学生写下一条同意或拒绝申请的根据，并将这张纸传递给另外一个必须记录一条不同的同意或拒绝申请根据的学生。参与该活动的学生反思和讨论他们可以做什么以确保他们提供了有关申请的准确根据
基本迁移分析和问题解决的协议	学生使用结构化的程序来解决问题，也就是说，识别问题、创建成功标准、开发潜在解决方案、选择解决方案并实施解决方案	• SWOT分析（问题识别）：学生记录并识别问题的优势、劣势、机会和威胁 • 好的、想要的、需要的（标准选择）：学生绘制一个三列表格来区分解决方案需要的、想要的和可选的优选顺序 • 强化头脑风暴（潜在解决方案识别）：学生通过偶尔休息来强化头脑风暴产生的想法，以确定他们想继续探索的意愿 • 伙伴评议（实施）：学生执行一个反馈协议，以确定朝着目标和下一步的反馈进展

续表

策略	描述	示例
参与过程，利用包括榜样、他人经验和问题情境中的资源	学生使用特定的策略来收集和理解他人的信息	• 三个留守，一个游访：学生四人一组完成一项任务。每一组指派一个组员去访问另一个组，并呈现该组目前的解决方案。被访问组的成员对来访团队的成员给出反馈，并指出他们可能对自己的工作做出哪些改变。被指定访问的组员回到原始组并传达反馈。小组决定下一步行动

表C.2 反馈策略

策略	描述	示例
在迁移学习的开始、中间和结束形成结构化反馈协议	在整个学习过程中，使用各种各样的程序来确保学生能够得到和给予别人准确的反馈	伙伴互评协议
即时反馈策略	在学生和小组的独立练习中，使用各种各样的程序来确保学生能够得到和给予别人准确的反馈	表层、深度和迁移探究提示（学生和教师使用表5.1向学生提问）
点对点过程反馈策略	为学生建立具体的程序，来讨论合作的过程以及解决问题的效率和效果	过程检查 第三种选择

表C.3 练习反馈的习惯

习惯	描述	示例
生成答案	学生生成多个答案，并与其他学生一起检查答案	提出一个问题，告诉学生对一个问题可以生成多个答案。说明他们评估可能的答案和说明答案的不同方式（例如，视觉或书面）。学生可以单独工作，也可以与他人一起讨论、辩论并确定合适的答案，然后一个班级进行分享和讨论。复查这些答案，并与学生一起检查解决方法和对问题解释的准确性

续表

习惯	描述	示例
自我测试	为了解学生在学习中清楚的和不理解的内容，一个班的学生在学习新的内容之前，参加一个不公布分数的测试	给出一些定义并让学生生成与这些定义对应的潜在术语
过程-反馈策略	学生参与决定当前的目标和进展的元认知实践，如何处理挫折以及如何确保给出的和获得的反馈的准确性	向学生提出与定向、激活和协作相关的问题
等待和对话	学生在没有教师帮助的情况下处理问题，与其他同学讨论大致的答案	向学生提问，让他们写下当前的想法，然后与其他人讨论
研究和互助	学生在评估或回答问题时收到反馈（关于自己或小组的工作和他人的工作），他们必须和其他人一起确定下一步需要采取什么措施	回顾小组的工作并提供几条反馈便签。告诉学生，他们必须识别反馈及其对应的文章。旁听检查
隐喻	学生找到一个能最好地代表他们观点的隐喻	提供一系列关键概念的例子，并要求学生找到其他表达概念的方法（例如，隐喻、故事或图形）

表C.4 反思-联系策略

策略	描述	示例
个人学习计划	这种策略让学生确定课程或单元目标，以及为了实现既定目标即将采取的步骤。这项策略允许学生随着时间的推移，反思他们的定向策略、激活策略和协作策略	让学生填写一份表格，要求他们明确自己的每日和每周目标，以及为实现这些目标他们将采取的步骤，包括支持他们自己的导向、激活和合作的策略。在一天和一周结束时，由学生反思自己的成长和对既定目标的熟练程度。这个过程帮助学生决定下一步如何加强学习

续表

策略	描述	示例
有用的方法	这一策略能够使通过关注控制、影响、广度和持续力等方面，使学生朝着积极的反应导向发展	让学生遵循一个类似于附录A表A.6所示的过程，即学习困境。学习困境协议是一种将学生定位为指导者，以支持同伴学习的协作方法。当学生通过协议时，同龄人使用表4.1来关注其他人使用情况或用于改进的主动策略
内外审视	这个策略帮助学生理解正在调查的问题相关的内部和外部因素	由学生审视情境，查看内部问题、趋势和模式，然后评估可能会影响他们学习内容的外部因素。使用定性和定量数据，利用尽可能多的视角
通过情境、社区和内容连接	这种策略能够使学生始终如一地反思迁移学习，并思考学习如何跨越不同的情境和视角。它还确保迁移学习可以把核心的表层知识和深度知识联系起来	为了确定跨情境和内容迁移学习的有效性，让学生使用思考帽策略（De Bono, 1999）

表C.5 进行比较的策略

策略	描述	示例
句干类比	要求学生为抽象概念和想法创建句干类比	提供给学生能使他们练习使用类比的句干（例如，"＿＿＿和＿＿＿是相似的"）
视觉类比	要求学生用不同的方式直观地表达类比	
隐喻	要求学生以隐喻的方式对比主题	提供给学生美国、海象和美国宇航局发射"挑战者号"等主题。接下来给学生动词列表（例如，was, is, are和were）。最后让学生创建比较
明喻	让学生比较相似（like）和相同（as）两个主题	提供给学生美国、海象和美国宇航局发射"挑战者号"等主题。让学生使用相似和相同进行比较

不同年级迁移单元示例

以下表格展示了小学、初中和高中阶段的学习单元示例，以确保学生满足表层、深度和迁移学习的要求。

表C.6 二年级 由近迁移到远迁移

单元学习迁移教学	
学习目标	学习目标
学生将： • 写意见稿（W.2.1）	学生将： • 从经历中回忆信息或者从提供的资源中搜集信息，来回答问题
成功标准	
表　层	表　层
学生将： • 介绍他们正在写的主题或书 • 陈述观点 • 提供支撑观点的理由 • 使用连接词（例如，因为、和、也）来连接观点和理由 • 提供结论性陈述或章节（W.2.1）	学生将： • 使用被认为是某个主题专家的资源 • 引用资源 • 陈述文中资源
深　度	深　度
学生将： • 提供自己以外的观点，并提供支撑观点的理由 • 使用对比连接词（例如，另一方面和然而）来比较一个观点和另一个观点 • 提供总结性陈述，总结一个观点胜过另一个观点的原因	学生将： • 把资料来源与作者的意见和分歧的意见联系起来
迁移成功标准	
学生将： • 运用可信的资源使他人相信某一观点 • 将观点写作和资源与其他科目的核心内容联系起来	
情　境	
• 有机午餐 • 电动汽车 • 在学校和家里的屏幕使用时间	

附录C：适用于迁移任务的资源

续表

问 题		
表 层	深 度	迁移（驱动性问题）
• 如何通过写作说服他人？ • 通过写作让别人相信一个观点最有效的方法是什么？ • 如何防止（或加强）说服他人接受我们的观点时带有自我偏见？ • 如何确保我们的观点得到研究者的支持？ • 如何为自己的观点辩护，反对别人的观点？	• 为什么我们的观点很关键？ • 为什么资源强化观点？	• 在分享观点时，我们是否应该提供平衡的观点？ • 在听取他人观点时，谁最容易受到偏见的影响？ • 什么时候意见是最危险的？
任 务		
表 层	深 度	迁移（产品、表现、档案袋）
学生将： • 起草意见稿 • 提交初始资源 • 提供和接收意见反馈	学生将： • 在上下文中写出多个意见稿 • 向别人提供关于他们意见稿的反馈	学生将： • 对一个有众多意见的问题提出解决方法
融合观点与困惑		
视 角	困 惑	
• 要求学生对一篇作品转换视角	• 合并一个新的原始资料，该资料可以提供与原始资料相左的信息 • 整合或者提供额外的（连续的）情境来写作或者呈现	
教学单元		
表 层	深 度	迁移
• 通过审查不同情境的观点，共同构建成功标准 • 概述不同的看法 • 对不同的看法予以梳理	• 比较和对比有效来源 • 评估当前作品的来源 • 起草和编辑书面意见	• 准备口头陈述 • 讨论后续进展和看法的共同点 • 讨论偏见
你将如何与学生一起开展迁移学习任务？（叙述） 给学生呈现一篇偏颇的文章，阐述学生穿校服的迫切需要。然后，学生评估不同意见并讨论有效评论写作的标准。与学生一起起草标准，然后让学生评估多个涵盖不同内容的学生作品。接下来，给每个学生写一个情境（在小卡片上），告诉学生打开这些小卡片，学生可能需要就一个新的主题表达他们的观点或做出反驳		

标准来源：改编自NGO & CCSSO,2010a。

表C.7 七年级 远迁移

单元学习迁移教学			
学习意向			
学生将： • 解释基因信息从父母传给后代	学生将： • 使用随机和代表性样本对一个或多个器官病群体进行推断	学生将： • 通过对相关内容的选择、组织和分析，撰写信息性或解释性文本来审视一个话题、传达思想、概念和信息（W.7.2）	学生将： • 分析文中个人、事件和想法的相互作用（RI.7.3）
成功标准			
表　层			
学生将： • 定义术语基因、染色体、蛋白质、突变和性状 • 列举几个由细胞繁殖引起变异的例子 • 确定蛋白质结构和功能的有益、有害和中性变异的例子	学生将： • 通过抽样，使概括的有效性合理化 • 定义随机抽样和代表性样本，并支持有效推断（7.SP.A.1） • 使用随机样本中的数据来推断具有未知兴趣特征的人群（7.SP.A.2） • 生成多个大小相同的样本（或模拟样本）以测量估算或预测的变化（7.SP.A.2）	学生将： • 清楚地介绍话题或主题陈述 • 撰写包括标题、图标和表格的文本 • 用事实、定义、具体细节、引语以及其他信息和例子来阐明主题 • 提供结论性陈述 • 形成并保持正式的风格	学生将： • 描述进步和成就如何影响科学家 • 描述进步和成就如何影响政治家 • 描述进步和成就如何影响公众
深　度			
学生将： • 展示染色体突变和蛋白质变化之间的因果关系 • 推断由于突变和环境导致后代的潜在变化	学生将： • 使用随机样本和代表性样本来支持有效的推断 • 评估具有相似变量的两个数据分布的视觉重叠程度，通过将其表示为变量度量的倍数来测量中心之间的差异（7.SP.B.3）	学生将： • 使用适当的过渡来组织文本，以产生衔接并澄清思想和概念之间的关系（W.7.2.） • 使用精确的语言和学科术语把支撑证据和关键主题联系起来（W.7.2.D）	学生将： • 描述进步和成就如何影响社会

附录 C：适用于迁移任务的资源

续表

迁移成功标准
学生将： • 批判当前和未来预测结果的方法（例如，遗传和变异） • 假设有效的预测结果的新方法

情　境
• 逆转录病毒 • 癌症 • 马凡综合征 • 镰刀形细胞贫血症 • 莱伯遗传性视神经病变 • 共显性遗传模式 • 脆性 X 综合征 • 血友病 • 斯怀尔综合征 • 特纳氏综合征 • 单亲二倍体（Prader-Willi 综合征）

问　题		
表　层	深　度	迁移（驱动性问题）
• 什么是染色体？ • 什么叫紊乱？ • 你怎么推断？ • 成功的信息性写作的关键组成因素是什么？ • 我们如何分析文本中个人、事件和思想之间的相互关系？（RI.7.3）	• 为什么引用证据对撰写信息性文章至关重要？ • 为什么突变会产生积极的、中性的和消极的影响？ • 为什么抽样是做出人口假设的关键工具？	• 我们是否应该继续投入研究来预测未来的情况？ • 我们可以如何做使未来更美好？

任　务		
表　层	深　度	迁移（产品、表现、档案袋）
学生将： • 写一篇信息性文章 • 阅读与基因突变和推断统计相关的文章 • 完成与统计和概率相关的数学作业	学生将： • 讨论未来人群中突变的可能性以及减少突变影响的技术 • 在写作、数学和科学任务上给予和接受反馈 • 分析实验数据	学生将： • 向听众介绍预测方法 • 写一篇信息性文章来支撑提出的论点

续表

融合视角与困惑	
视 角	困 惑
• 向学生呈现可能包括政府过激反应、宗教冲突和基因检测的整体伦理的场景，以展示生物学之外的更大的遗传学社会背景	• 改变学生正在评估的特定基因突变，并让学生比较突变 • 在学生的讨论中加入不显著的复杂因素 • 让学生小组调查随机过程及开发、使用和评估数学作业的概率模型标准 • 让学生小组对随机样本中的数值数据应用中心测度和变异测度，得出关于两个群体的非正式比较推理 • 将遗传学之外的内容和统计结果结合起来，例如，分析一支新球队的棒球运动员

教学单元		
表 层	深 度	迁 移
• 进行信息写作活动（学生在多种语境下比较写作的有效性，所有的例子都是科学之外的） • 进行一次关于生态适应的回顾会议，讨论随着时间的推移造成变化的压力（一些是中性的，一些是积极的，一些是消极的）；将适应学习与遗传学联系起来 • 运用生命科学和物理科学以外的例子，讲授关于推断统计的数学课	• 呈现以遗传学为背景的统计问题。让学生解决每个问题，讨论统计学和遗传学，以及如何通过信息写作提出解决方案	• 让学生回顾多个案例研究，并与其他人一起确定一个影响更多人群的变量的可能性

你将如何与学生一起开展迁移学习任务？（叙述）
这个单元从基因突变的相关特定背景开始。向学生展示一种特定的遗传疾病，并要求他们确定关于该疾病的最新研究（特别是与预测该疾病患病和传播概率有关的研究），关于该疾病或一般遗传变异的问题，以及在未来人群中更好地预测疾病的潜在方法。从此，学生开始通过阅读、写作和交谈来发展表层和深度知识并讨论所有的核心成果

标准来源：改编自NGO & CCSSO，2010a，2010b。

表C.8 十一年级（高二年级）近迁移

单元学习迁移教学	
学习目的	
学生将： 描述、分析和评估垄断对社会和经济的影响	
成功标准	
表 层	深 度
学生将： • 定义垄断 • 界定垄断权力 • 列出垄断权力的来源 • 解释进入和退出的障碍 • 绘制并解释垄断者收入曲线 • 确定垄断中的福利损失和盈余 • 列出限制垄断的方法 • 定义自然垄断 • 确定监管自然垄断的方法（即边际成本和平均成本定价）	学生将： • 根据数据计算利润和收入上限 • 评估利润和收入上限作为垄断者决策的一种手段 • 描述垄断的优势和挑战 • 比较垄断与完全竞争
迁移成功标准	
学生将： • 提出并评估政府在面临垄断时可以采取的解决方案 • 评估不同垄断企业的效益	
情 境	
• 约翰·洛克菲勒和标准石油公司 • 沃尔玛 • 微软 • 田纳西河谷管理局 • 莫斯科地铁 • 柠檬汁摊位 • 日本吉田拉链公司 • 太平洋天然气和电力公司（PG&E）	
问 题		

表 层	深 度	迁移（驱动性问题）
• 在多大程度上垄断是有效的？ • 在多大程度上应该监管垄断？	• 为什么不受监管的垄断会给他人带来问题？ • 为什么监管不能成为应对垄断挑战的理想解决方案？	• 谁应该监管垄断？ • 垄断的特征会在社会其他方面的哪里表现出来？

续表

任 务		
表 层	深 度	迁移（产品、业绩和投资组合）
学生将： • 做一个知识检测 　—定义 　—图表 • 在Padlet中编写一个代表垄断假设的示例 • 找到一家拥有极大垄断权力的企业并解释它是如何拥有垄断权力的 • 阐述一个适用于政府的限制垄断权力行动	学生将： • 根据绘制的图表解释收入最大化 • 为"评估利润和收入上限作为垄断者决策的一种手段"创建一个评分方案 • 列举垄断的利弊	学生将： • 为支持或反对垄断提供论据 • 比较垄断与完全竞争

融合视角和困境	
视 角	困 境
• 向学生展示不同的观点，例如，让他们从组织内部人员以及直接或间接受组织影响的利益相关者（客户、首席执行官、员工、股东、政府机构、总统或总理以及竞选的政治家）的角度评估垄断	• 在本单元中，向学生展示情境的变化 • 向学生展示一个不可预见的事件（例如，新技术、森林火灾或利率变化）

教 训		
表 层	深 度	迁 移
• 通过直接教学（包括指导和独立练习），教授学生表层知识	• 学生采用画廊漫步法、拼图学习法和讨论咨询法进行学习	• 学生回顾多个案例研究，确定关键问题，提出解决方案，向其他学生展示案例

你将如何与学生开展迁移工作？（叙述）
向学生展示一个关于垄断的案例研究。学生必须确定一个虚拟企业收购另一个企业的决定是否有益于公司、客户和更大的群体。然后，学生阐释他们做出决定的理由。提供关键的成功标准和让学生在学习与垄断相关的核心知识后评估他们以前的回答。当学生学习表层和深度课程时，他们要关注广度和深度知能以便做出明智分析，或许他们会在经历多重视角转换和关注复杂的变量后改变最初决定

参考文献与学习资源

Almarode, J., & Vandas, K. (2018). *Clarity for learning: Five essential practices that empower students and teachers.* Thousand Oaks, CA: Corwin Press.

Argyris, C., & Schön, D. A. (1996). *Organizational learning: Theory, method, and practice* (Vol.2). Reading, MA: Addison.

Arnolda, G., Chien, T. D., Hayen, A., Xuan Hoi, N. T., Maningas, K., Joe, P., et al.(2018). A comparison of the effectiveness of three LED phototherapy machines, single- and double-sided, for treating neonatal jaundice in a low resource setting. *PLoS ONE, 13*(10). Accessed at https://journals.plos.org/ plosone/ article? id=10.1371/journal.pone.0205432 on May 4, 2020.

Bahcall, S. (2019). *Loonshots: How to nurture the crazy ideas that win wars, cure diseases, and transform industries.* New York: St. Martin's Press.

Biggs, J. B. (2003). *Teaching for quality learning at university: What the student does* (2nd ed.). Philadelphia: Open University Press.

Biggs, J. B., & Collis, K. F. (1982). *Evaluating the quality of learning: The SOLO taxonomy.* New York: Academic Press.

Brookfield, S.(1986).*Understanding and facilitating adult learning: A comprehensive analysis of principles and effective practices.* San Francisco: Jossey-Bass.

California Department of Education.(2000).*History–social science content standards for California public schools, kindergarten through grade twelve.* Sacramento, CA: Author. Accessed at www.cde.ca.gov/be/st/ss/documents/ histsocscistnd.pdf on January 7, 2020.

Cepeda, N. J., Vul, E., Rohrer, D., Wixted, J. T., & Pashler, H. (2008). Spacing effects in learning: A temporal ridgeline of optimal retention. *Psychological Science, 19*(11), 1095–1102.

Clarke, S. (2014). *Outstanding formative assessment: Culture and practice.* Philadelphia: Trans-Atlantic.

Claxton, G. (2017). *The learning power approach: Teaching learners to teach themselves.* Thousand Oaks, CA: Corwin Press.

Cooper, A. (2018, April 2). *MPSF speaker series: Anderson Cooper.* Conducted at the Marin Veterans' Memorial Auditorium in San Rafael, CA.

de Bono, E. (1999). *Six thinking hats.* Boston: Back Bay Books.

Drexler, M. (2008, December 15). Looking under the hood and seeing an incubator. *The New York Times.* Accessed at www.nytimes.com/2008/12/16/health/16incubators.html on May 4, 2020.

Dumaine, B. (1994, September 5). The trouble with teams. *Fortune, 130*(5), 86–88, 90, 92.

Duncker, K. (1945). On problem solving. (L. S. Lees, Trans.). *Psychological Monographs, 58*(5), i–113.

Dunne, F., Evans, P., & Thompson-Grove, G. (2017, March 30). *Consultancy protocol: Framing consultancy dilemmas.* Accessed at www.schoolreforminitiative.org/download/consultancy on January 7, 2020.

Dweck, C. S. (2006). *Mindset: The new psychology of success.* New York: Random House.

EL Education. (n.d.). *Jigsaw protocol.* Accessed at https://eleducation.org/uploads/downloads/ELED-JigsawProtocol-012816.pdf on January 13, 2020.

Epstein, D. (2019). *Range: Why generalists triumph in a specialized world.* New York: Riverhead Books.

Fisher, D., Frey, N., & Hattie, J. (2017).*Teaching literacy in the visible learning classroom, grades K–5*. Thousand Oaks, CA: Corwin Press.

Gardner, H. (1999). *The disciplined mind: What all students should understand.* New York: Simon & Schuster.

Geary, D. C., & Berch, D. B. (Eds.). (2016). *Evolutionary perspectives on child development and education.* New York: Springer.

Gentner, D., Holyoak, K. J., & Kokinov, B. N. (Eds.). (2001). *The analogical mind: Perspectives from cognitive science.* Cambridge, MA: MIT Press.

George, M. L., Rowlands, D., Price, M., & Maxey, J. (2004). *The lean Six Sigma pocket toolbook: A quick reference guide to nearly 100 tools for improving process quality, speed, and complexity.* New York: McGraw-Hill.

Gick, M. L., & Holyoak, K. J. (1980). Analogical problem solving. *Cognitive Psychology, 12*(3), 306–355.

Gick, M. L., & Holyoak, K. J. (1983). Schema induction and analogical transfer. *Cognitive Psychology, 15*(1), 1–38.

Gladwell, M. (2013, June 17). The gift of doubt: Albert O. Hirschman and the power of failure. *The New Yorker.* Accessed at www.newyorker.com/magazine/2013/06/24/the-gift-of-doubt on November 13, 2019.

Gross, T. (2019, January 30). *"Beale Street" and "Vice" composer isn't afraid to play the "wrong" notes.* Accessed at www.npr.org/2019/01/30/689822798/beale-street-and-vice-composer-isn-t-afraid-to-play-the-wrong-notes on December 12, 2019.

Guskey, T. R. (Ed.). (2009). *The teacher as assessment leader.* Bloomington, IN: Solution Tree Press.

Harford, T. (2015, September). *How frustration can make us more creative* [Video file]. Accessed at www.ted.com/talks/tim_harford_how_frustration_can_make_us_more_creative?language=en on December 19, 2019.

Harvey, T. R., Bearley, W. L., & Corkrum, S. M. (2002). *The practical decision maker: A handbook for decision making and problem solving in organizations.* Lanham, MD: Scarecrow Press.

Hasso Plattner Institute of Design at Stanford University.(2020). *Get started with design thinking.* Accessed at https://dschool.stanford.edu/resources/ getting-started-with- design-thinking on March 2, 2020.

Hattie, J. (2009).*Visible learning: A synthesis of over 800 meta- analyses relating to achievement.* New York: Routledge.

Hattie, J. (2012). *Visible learning for teachers: Maximizing impact on learning.* New York: Routledge.

Hattie, J.(2015). The applicability of visible learning to higher education. *Scholarship of Teaching and Learning in Psychology, 1*(1), 79–91.

Hattie, J., & Clarke, S. (2018). *Visible learning: Feedback.* New York: Routledge.

Hattie, J., & Donoghue, G. M. (2016). Learning strategies: A synthesis and conceptual model. *Science of Learning, 1*. https://doi.org/10.1038/ npjscilearn. 2016.13.

Heflebower, T. (2005). *An educator's perception of STARS from Nebraska education service unit staff developers* (Unpublished doctoral dissertation). University of Nebraska–Lincoln. Accessed at http://digitalcommons.unl.edu/ dissertations/AAI3194116 on June 8, 2020.

Heflebower, T., Hoegh, J. K., & Warrick, P. B. (2014). *A school leader's guide to standards-based grading.* Bloomington, IN: Marzano Resources.

Heflebower, T., Hoegh, J. K., Warrick, P. B., & Flygare, J. (2019). *A teacher's guide to standards-based learning.* Bloomington, IN: Marzano Resources.

Johnson, S. (2010). *Where good ideas come from: The natural history of innovation.* New York: Riverhead Books.

Johnson, S. (2014). *How we got to now: Six innovations that made the modern world.* New York: Riverhead Books.

Keynes, J. M. (1930). *Economic possibilities for our grandchildren.* Accessed at www.econ.yale.edu/smith/econ116a/keynes1.pdf on November 13, 2019.

Keynes, J. M. (2018). *The general theory of employment, interest and money.* London: Palgrave Macmillan. (Original work published 1936)

Koestler, A. (1964). *The act of creation.* New York: Macmillan.

Lee, H. (1960). *To kill a mockingbird.* Philadelphia: J. B. Lippincott.

Liker, J. K. (2004). *The Toyota way: 14 management principles from the world's greatest manufacturer.* New York: McGraw-Hill.

Margolis, J. D., & Stoltz, P. G. (2010). How to bounce back from adversity. *Harvard Business Review, 88*(1–2), 86–92.

Marzano, R. J. (1992). *A different kind of classroom: Teaching with dimensions of learning.* Alexandria, VA: Association for Supervision and Curriculum Development.

Marzano, R. J. (2009). *Designing and teaching learning goals and objectives.* Bloomington, IN: Marzano Resources.

Marzano, R. J. (2010). *Formative assessment and standards-based grading.* Bloomington, IN: Marzano Resources.

Marzano, R. J. (2017). *The new art and science of teaching.* Bloomington, IN: Solution Tree Press.

Marzano, R. J., & Heflebower, T. (2012). *Teaching and assessing 21st century skills.* Bloomington, IN: Marzano Resources.

Marzano, R. J., Pickering, D. J., & Pollock, J. E. (2001). *Classroom instruction that works: Research-based strategies for increasing student achievement.* Alexandria, VA: Association for Supervision and Curriculum Development.

Marzano, R. J., & Simms, J. A. (2013). *Coaching classroom instruction.* Bloomington, IN: Marzano Resources.

Marzano, R. J., Warrick, P. B., Rains, C. L., & DuFour, R. (2018). *Leading a high reliability school.* Bloomington, IN: Solution Tree Press.

Marzano, R. J., & Waters, T. (2009). *District leadership that works: Striking the right balance.* Bloomington, IN: Solution Tree Press.

McDonald, J., & Allen, D. (2017, March 30). *Tuning protocol.* Accessed at www.schoolreform initiative. org/download/tuning- protocol on January 8, 2020.

McDowell, M. (2017). *Rigorous PBL by design: Three design shifts for developing confident and competent learners.* Thousand Oaks, CA: Corwin Press.

McDowell, M. (2018). *The lead learner: Improving clarity, coherence, and capacity for all.* Thousand Oaks, CA: Corwin Press.

McDowell, M. (2019). *Developing expert learners: A roadmap for growing confident and competent students.* Thousand Oaks, CA: Corwin Press.

McGrath, C. (2012, December 19). Quentin's world. *The New York Times.* Accessed at http://mobile.nytimes.com/2012/12/23/movies/how-quentin-tarantino-concocted-a-genre-of-his-own.html on November 13, 2019.

McTighe, J.(2018).Three key questions on measuring learning. *Educational Leadership, 75*(5), 14–20.

McTighe, J., & Wiggins, G. (2013). *Essential questions: Opening doors to student understanding.* Alexandria, VA: Association for Supervision and Curriculum Development.

Michaels, S., & O'Connor, C. (2012). *Talk science primer.* Cambridge, MA: TERC. Accessed at https://inquiryproject.terc.edu/shared/pd/TalkScience_Primer.pdf on November 13, 2019.

Minervino, R. A., Olguín, V., & Trench, M. (2017). Promoting interdomain analogical transfer: When creating a problem helps to solve a problem. *Memory & Cognition, 45*(2), 221–232.

Miranda, L. M. (2015). *The room where it happens* [Recorded by L. Odom Jr., L. M. Miranda,

D. Diggs, & O. Onaodowan]. On *Hamilton* [CD]. New York: Atlantic.

Muller, D. A. (2008). *Designing effective multimedia for physics education* (Doctoral dissertation). University of Sydney, Australia. Accessed at https:// sydney.edu.au/science/physics/pdfs/research/super/PhD(Muller).pdf on November 13, 2019.

National Governors Association Center for Best Practices & Council of Chief State School Officers. (2010a). *Common Core State Standards for English language arts and literacy in history/social studies, science, and technical subjects.* Washington, DC: Authors. Accessed at www.corestandards.org/assets/CCSSI_ELA%20 Standards.pdf on January 7, 2020.

National Governors Association Center for Best Practices & Council of Chief State School Officers. (2010b). *Common Core State Standards for mathematics.* Washington, DC: Authors. Accessed at www.corestandards.org/assets/CCSSI _Math%20 Standards.pdf on January 7, 2020.

NGSS Lead States. (2013). *Next Generation Science Standards: For states, by states.* Washington, DC: The National Academies Press.

Nottingham, J. (2017). *The learning challenge: How to guide your students through the learning pit to achieve deeper understanding.* Thousand Oaks, CA: Corwin Press.

Nuthall, G. (2007). *The hidden lives of learners.* Wellington, New Zealand: NZCER Press.

Nutt, P. C. (2002). *Why decisions fail: Avoiding the blunders and traps that lead to debacles.* San Francisco: Berrett-Koehler.

Orange, T. (2018). *There there.* New York: Knopf.

Perkins, D. N., & Salomon, G. (1994). Transfer of learning. In T. Husén & T. N. Postlethwaite (Eds.), *International encyclopedia of education* (2nd ed.,pp. 6452–6456). Oxford, England: Pergamon.

Prestero, T. (2012, June). *Design for people, not awards* [Video file]. Accessed at www.ted.com/talks/timothy_prestero_design_for_people_not_awards? language =en on May 4, 2020.

Recht, D. R., & Leslie, L. (1988). Effect of prior knowledge on good and poor readers' memory of text. *Journal of Educational Psychology, 80*(1), 16–20.

Reeves, D. B. (2013). *Leading change in your school: How to conquer myths, build commitment, and get results.* Alexandria, VA: Association for Supervision and Curriculum Development.

Roberton, F. (2013). *A tale of two beasts.* La Jolla, CA: Kane Miller.

Robson, D. (2019). *The intelligence trap: Why smart people make dumb mistakes.* New York: W. W. Norton.

Rothermel, R. C. (1993, May). *Mann Gulch fire: A race that couldn't be won* (General Technical Report INT-299). Ogden, UT: U.S. Department of Agriculture, Forest Service, Intermountain Research Station.

Sala, G., & Gobet, F. (2017). Does far transfer exist? Negative evidence from chess, music, and working memory training. *Current Directions in Psychological Science, 26*(6), 515–520.

Schwarz, R. (2013). *Smart leaders, smarter teams: How you and your team get unstuck to get results.* San Francisco: Jossey-Bass.

Schwarz, R. (2017). *The skilled facilitator: A comprehensive resource for consultants, facilitators, coaches, and trainers* (3rd ed.). Hoboken, NJ: Jossey-Bass.

Simstrom, L. (2019, February 22). *What an insect can teach us about adapting to stress.* Accessed at www.npr.org/sections/health-shots/2019/02/22/696894502/what-an-insect-can-teach-us-about- adapting-to-stress on November 13, 2019.

Sweller, J., van Merriënboer, J. J. G., & Paas, F. (2019). Cognitive architecture and instructional design: 20 years later. *Educational Psychology Review, 31*(2), 261–292. https://doi.org/10.1007/s10648-019-09465-5.

Thomas, E. J., Brunsting, J. R., & Warrick, P. L. (2010). *Styles and strategies for teaching high school mathematics: 21 techniques for differentiating instruction and assessment.* Thousand Oaks, CA: Corwin Press.

Tolentino, J. (2018, May 7). The promise of vaping and the rise of Juul. *The New Yorker.* Accessed at www.newyorker.com/magazine/2018/05/14/the-promise-of-vaping-and-the-rise-of-juul on November 13, 2019.

Wexler, N.(2019). *The knowledge gap: The hidden cause of America's broken education system—and how to fix it.* New York: Avery.

Wiggins, G., & McTighe, J. (2007). *Schooling by design: Mission, action, and achievement.* Alexandria, VA: Association for Supervision and Curriculum Development.

Wiliam, D. (2018a).*Creating the schools our children need: Why what we're doing now won't help much (and what we can do instead).* West Palm Beach, FL: Learning Sciences International.

Wiliam, D. (2018b). *Embedded formative assessment* (2nd ed.). Bloomington, IN: Solution Tree Press.

Willingham, D. (2009). *Why don't students like school? A cognitive scientist answers questions about how the mind works and what it means for the classroom.* San Francisco: Jossey-Bass.

Willingham, D. (2018, February 11). *A new idea to promote transfer* [Blog post]. Accessed at www.danielwillingham.com/daniel-willingham-science-and-education-blog/a-new-idea-to-promote-transfer on November 13, 2019.

World Café Community Foundation. (2015). *A quick reference guide for hosting World Café.* Accessed at www.theworldcafe.com/wp-content/uploads/2015/07/Cafe-To-Go-Revised.pdf on March 3, 2020.

Youssef-Shalala, A., Ayres, P., Schubert, C., & Sweller, J. (2014). Using a general problem-solving strategy to promote transfer. *Journal of Experimental Psychology: Applied, 20*(3), 215–231.

Zhao, Y. (2012). *World class learners: Educating creative and entrepreneurial students.* Thousand Oaks, CA: Corwin Press.

后 记

塔米·赫夫尔鲍尔（Tammy Heflebower）

迈克尔·麦克道尔为教师构建了这一绝妙的学习模式，通过极其深入的学习为学生提供了明确的期望。这简直是太精彩了！

"表层学习"和"深度学习"涉及缩小焦点以发展学科内的知识和技能，"迁移学习"则完全是关于在不同情境下广泛使用知识的能力。迁移的关键是比较。人必须视野开阔而不能鼠目寸光——宽而不窄，开放而不封闭，横向拓展而非垂直挖坑。迁移是本书的核心内容，但如果没有"精准"推动的教育工作者，迁移是不可能发生的。麦克道尔通过参与式和扩展式学习把握住了后续行动步骤。

在我三十多年的职业生涯中，我学到了很多关于如何设计、实施和教他人优质课程、教学和评估实践的知识。我的更深度理解的基础最初是通过认识和使用"掌握程度描述"（proficiency-level descriptors）获得的（Guskey，2009；Heflebower，2005）。这些与最重要的学生学习目标相对应的具体文件阐明并拓宽了学生显性学习（explicit learning）的概念。

这项工作于20世纪90年代末，在内布拉斯加州一位头脑敏锐、不墨守成规的教育专员道格·克里斯藤森（Nebraska，Doug Christensen）和他的非传统且高度胜任的评估主任帕特·罗斯彻夫斯基（Pat Roschewski）的推动下开始。他们都与我合作，并向我提出挑战，帮助我建立符合或超越以学生为中心的质量标准。这项变革性工作以及与布鲁斯测试中心（Buros Center for Testing）的其他合作关系是我2005年毕业论文的基础，也是我作为一名教育工作者的一次蜕变。我继续和一些志同道合的同事合作——包括罗伯特·马扎诺、贝费·克莱门斯、菲尔·沃里克、扬·霍格和珍妮尔·威尔斯

（Robert Marzano, Bev Clemens, Phil Warrick, Jan Hoegh, Janelle Wills）等，他们帮助我将我最初的思考和"掌握程度描述"转化为现在定义和解释的"掌握程度量表"（proficiency scales）。掌握程度量表是学习进步的综合体现。这些进步来源于合理的教学计划、质量反馈、跟踪学生进步和设定目标以及高质量的课堂评估（Guskey, 2009; Heflebower, 2005; Heflebower et al., 2014; Heflebower, Hoegh, Warrick & Flygare, 2019; Marzano, 2010）。掌握程度量表描述了从一系列学习标准中衍生出来的内容和技能，这些标准包括从"基础"（2.0）到"对标"（3.0）到"嬗变"（4.0）。我视麦克道尔在《为迁移而教——现实生活应用型学习设计指南》一书中所阐述的命题为教学思维和规划的一次重大转变，其框架非常适合掌握这一水平所需的专长和效能，兼顾教学重点和精准性。他的表层内容和技能与"基础"（2.0）的内容和技能相联系，他的深度教学策略更能反映出"对标"（3.0）并进一步将教学策略推进至"迁移"或"嬗变"（4.0）。所有这些与学生的"基本意动技能"（essential conative skills）是配套的（Marzano & Heflebower, 2012）。这些效能感是影响学生学习的基础。学生能够根据所学本领付诸行动、处理挫折、运用个人和人际关系技能，在面对生活中永不停息的挑战时，将学习从仅仅掌握进阶到能真正转化和应用的深度。

麦克道尔在导论中对"办公室"和"工具间"的比喻为强化学习提供了意象和应用。通常情况下，由于时间上的限制（一年上学时间只有180天），学生只待在"办公室"情境中学习，很少在"工具间"中尝试应用。麦克道尔声称学生需要迁移学习，他努力创建了一种学习的框架。他充分肯定了对表层知识和深度知识、问题解决、情境知识和应用的需求。简单来说，表层知识和深度知识与迁移相结合是教学精准的关键。麦克道尔对近迁移、近迁移至远迁移和远迁移的具体描述，为应用基础知识和技能增加了更多的针对性。不同情境下的观念碰撞打开了每个学生未知的潜能。他将"打磨人"（tinker）的想法推进了一步，即对我们已知的内容不能习以为常，要在看似无关的情境下对观念进行质疑和检验，既要有不同的视角，也要有质疑的困惑。他将问题化学习贯穿于各个学科的这一建议也非常出色。

我最欣赏的是麦克道尔解释教学结构和提供大量实践策略及应用的敏

锐力。我被不仅与学生，而且与校外人共同构建期望所吸引。这是我作为一名课堂教师在有效的学习过程中，一直信奉并付诸实施的东西。我尤其欣赏的是他认为学生学习的真正价值是学以致用。在导论中，麦克道尔将其与那些在火灾中束手无策、无法随机应变的消防员进行了类比，这与学生保持低水平的表层学习方式是一样的，他们没有办法应对生活中巨大而紧迫的挑战。这是在掌握程度上保持2级和3级水平还是将更多学生推向更深入的4级水平之间的差别。挑战在于确保各学科之间的理解深度和连通性，以便构建学习经验来体现这种总体联系。

麦克道尔敦促我们所有人都要向那些挑战自己思维的实践靠拢。这会极大地提升我们的创造力并促进学习者应对那些我们甚至无法想象的新挑战。麦克道尔的广泛资源构成了迁移的基础。他概括了教育知识和理论与其他学科，如社会学、生物学、数字媒体、表演艺术等融合的理念，并全程跟踪这些联系。正如他所说，"从不同领域寻找备件并将其应用于新问题"，这不仅是他向我们提出的挑战，他自己也身体力行。我们需要今天的学习者成为明天的领导者——利用表层学习和深度学习的迁移实现跨学科的目的和功能。麦克道尔所阐述的是将这种学习和理解的进展带入无法预料的领域。麦克道尔的工作将帮助你重新构思课堂，并将在未来几年中值得借鉴。

译后记

在核心素养落地的教学设计研究中,现在大家都在关注"深度学习"。本书作者长期从事学校改革与服务工作,积累了丰富的经验,在"问题化学习/项目化学习精准设计"和"造就专家型学习者"等领域的研究甚为超前。本书是作者2021年出版的著作,聚焦"为迁移而教",探讨了现实生活应用型学习设计的一些重要概念和方法。

本书中,作者将学习的复杂性水平分为三种——表层学习、深度学习和迁移学习,同时将三种学习与知识类型相对应。具体来说,表层学习主要回答"是什么"和"如何做"的知识;深度学习主要回答"为什么"的知识;"迁移学习"主要回答"在什么条件下"(什么时候、什么地方、什么人、什么程度,等等)。本书作者特别强调了三种水平学习本身是一种进阶的关系,有高低之分和先后之别,但同时也具备循环往复、辩证施行的性质,不能打上一种身份贵贱的烙印。表层学习中的是什么知识,有"事实"和"概念"。记忆事实(或者了解事实)属于低端能力,但是从理解概念开始,就进入了高端能力。这是因为概念有概括力、抽象力和推断力,能够举一反三。所以,虽然本书作者将概念学习归为"表层学习",但是实际上已经具有迁移的根基。要请读者特别注意的是,"迁移学习"不是从天上掉下来的大饼,不是拔地而起的山峰,而是经历了"表层学习"和"深度学习"两个台阶之后,将学到的知识运用到新情境中解决新问题。本书作者将课堂学习比喻为在"办公室"中精细雕琢,将知识迁移应用到现实生活中比喻为在"工具间"里捣鼓打磨。这样的工具间也是杂货铺或创客所,是欢呼雀跃的天地或者伤心落魄的角落。作者的观点是"办公室"和"工具间"不是谁替代谁,谁排斥谁，而是要相得益彰，互为表里。本书的观点不仅新颖而且较为辩证，既要发扬传统教学的优势，又要纠错和改正其不足。

本书能够为读者解开核心素养落地或者推动"双减"工作中的一些理论学习问题的疑惑，能够启发我们进一步思考教学设计与理论如何帮助教师改进教学效能，提升教学专长。我们相信本书能受到读者的欢迎。

参加本书翻译的译者主要是浙江大学课程与教学论专业2021年选修教学设计专业课程的博士生，本书的翻译就是课程作业的展示。具体分工是：浙江大学教育学院盛群力翻译"对《为迁移而教》的褒奖""为迁移而教：教会学生创新"、序言；杭州市丁荷中学祝钱翻译致谢、作者简介、导论；南京师范大学附属中学树人学校朱婧翻译第一章和第二章；长沙市雅礼实验中学沈祎翻译第三章和第四章；四川省教育科学研究院马云飞翻译第五章；广西壮族自治区南宁哈罗礼德学校侯刘起翻译结束语、后记、附录。全书由盛群力校译与统稿。

衷心感谢浙江科学技术出版社大力支持引进本书版权，支持出版"迁移教/学译丛"。

本书翻译中可能存在的差错或者不妥之处，敬请读者批评指正！

盛群力

2022年2月于浙江大学